# Lenguaje SQL Sin Misterios

Enrique Peña

Published by Fiel LLC, 2024.

While every precaution has been taken in the preparation of this book, the publisher assumes no responsibility for errors or omissions, or for damages resulting from the use of the information contained herein.

LENGUAJE SQL SIN MISTERIOS

**First edition. November 19, 2024.**



ISBN: 979-8230871682

Written by Enrique Peña.

# Tabla de Contenido


1. Introducción al Mundo de SQL y Bases de Datos ....................1

2. Preparando tu Ambiente de Trabajo ....................5

3. Estructura Básica de una Base de Datos....................9

4. SELECT: Tu Primera Consulta....................13

5. WHERE: Filtrando Datos ....................17

6. Caso Práctico: Análisis de Ventas de una Tienda Local....................21

7. Operadores de Comparación....................25

8. Operadores Lógicos (AND, OR, NOT)....................29

9. ORDER BY: Organizando Resultados ....................34

10. Funciones de Agregación Básicas ....................38

11. GROUP BY: Agrupando Datos....................42

12. Caso Práctico: Reportes de Ventas por Región ....................46

13. HAVING: Filtrando Grupos....................50

14. Trabajando con Fechas en SQL ....................54

15. Caso Práctico: Análisis de Tendencias Temporales ....................58

16. JOINS: Combinando Tablas ....................62

17. INNER JOIN en Profundidad....................66

18. LEFT JOIN y RIGHT JOIN ....................70

19. Caso Práctico: Sistema de Inventario ....................73

20. Subconsultas Básicas ....................77

21. Subconsultas Correlacionadas ....................81

22. Caso Práctico: Cálculo de Comisiones ....................85

23. Funciones de Texto ....................91

24. Funciones Numéricas ....................101

25. INSERT: Agregando Datos ....................104

26. UPDATE: Actualizando Registros....................107

27. DELETE: Eliminando Registros ....................114

28. Caso Práctico: Gestión de Clientes....................118

29. Índices y Optimización....................126

30. Vistas en SQL ....................133

31. Procedimientos Almacenados Básicos....................137

32. Caso Práctico: Automatización de Reportes ......................... 141

33. Triggers: Conceptos Básicos ........................................... 145

34. Manejo de Transacciones ............................................... 149

35. Caso Práctico: Sistema de Facturación ............................ 153

36. Constraints y Claves ...................................................... 157

37. Normalización de Bases de Datos ................................... 161

38. Caso Práctico: Diseño de Base de Datos para PyME ........... 165

39. Exportación e Importación de Datos ............................... 168

40. Respaldos y Recuperación .............................................. 172

41. Seguridad Básica en SQL ............................................... 176

42. Caso Práctico: Permisos y Roles .................................... 180

43. Optimización de Consultas ............................................ 185

44. Manejo de Errores ........................................................ 190

45. Caso Práctico: Debugging de Consultas .......................... 198

46. SQL en Aplicaciones Web .............................................. 205

47. Integración con Excel .................................................... 208

48. Caso Práctico: Reportes Automatizados .......................... 211

49. Migración de Datos ...................................................... 215

50. Buenas Prácticas en SQL ............................................... 220

51. Caso Práctico: Proyecto Final - Sistema Completo ............. 224

52. SQL en la Nube ............................................................ 229

53. Trabajando con Grandes Volúmenes de Datos ................... 233

54. Caso Práctico: Análisis de Big Data ................................ 237

55. SQL en Entornos Empresariales ...................................... 243

56. Herramientas de Monitoreo ........................................... 247

57. Mantenimiento de Bases de Datos ................................... 251

58. Preparación para Certificaciones .................................... 255

59. Tendencias Futuras en SQL ............................................ 258

60. Caso Práctico: Implementación en Producción .................. 262

# 1. Introducción al Mundo de SQL y Bases de Datos

El mundo de las bases de datos y SQL puede parecer intimidante al principio, especialmente cuando la mayoría de los recursos disponibles están en inglés y utilizan ejemplos alejados de nuestra realidad latinoamericana. Sin embargo, te aseguro que al finalizar este capítulo, comenzarás a ver SQL como una herramienta accesible y fundamental para tu desarrollo profesional. Imagina que estás organizando los productos de una tienda familiar: necesitas saber qué tienes en inventario, cuánto has vendido y quiénes son tus mejores clientes. SQL es precisamente el lenguaje que te permitirá obtener estas respuestas de manera rápida y eficiente.

SQL (Structured Query Language) nació en la década de 1970 en los laboratorios de IBM, pero su verdadera importancia radica en cómo ha evolucionado para convertirse en el estándar mundial para el manejo de bases de datos relacionales. En nuestro contexto latinoamericano, donde las empresas están en constante proceso de digitalización, dominar SQL se ha vuelto una habilidad indispensable. Desde la pequeña tienda de abarrotes que quiere llevar un control digital de su inventario hasta las grandes corporaciones que necesitan analizar millones de transacciones, SQL es el lenguaje común que hace posible estas tareas.

Para entender mejor qué es una base de datos, pensemos en algo familiar: una hoja de cálculo de Excel. Si alguna vez has usado Excel para llevar el control de las ventas diarias de un negocio, ya tienes una idea básica de cómo funciona una base de datos. La diferencia principal es que una base de datos puede manejar cantidades mucho mayores de información, permite realizar búsquedas más complejas y, lo más importante, mantiene la integridad y seguridad de los datos. Mientras que en Excel podrías accidentalmente borrar una fila importante, una base de datos bien diseñada tiene mecanismos para prevenir estos errores.

Las bases de datos relacionales, que son las que manejaremos con SQL, organizan la información en tablas que se relacionan entre sí. Piensa en un sistema de facturación típico de cualquier negocio latinoamericano: tendrás una tabla para los clientes, otra para los productos, otra para las facturas y otra para los detalles de cada factura. Estas tablas se conectan entre sí de manera lógica, permitiéndote responder preguntas como "¿Cuál es el producto más vendido en la última semana?" o "¿Quiénes son los clientes que han gastado más de 1000 pesos este mes?"

Es importante mencionar que aunque mantendremos los términos técnicos en inglés (como SELECT, WHERE, JOIN) para facilitar tu adaptación al mercado laboral internacional, todos los ejemplos y explicaciones estarán contextualizados a nuestra realidad latina. Por ejemplo, cuando hablemos de monedas, usaremos pesos o reales en lugar de dólares, y cuando mencionemos nombres, utilizaremos nombres comunes en nuestra región.

Una de las ventajas más significativas de SQL es su naturaleza declarativa. Esto significa que solo necesitas decirle al sistema QUÉ quieres hacer, no CÓMO hacerlo. Por ejemplo, si quieres saber cuántos productos tienes en tu inventario con menos de 10 unidades, simplemente escribes una consulta que exprese esa necesidad, y el sistema se encarga de determinar la manera más eficiente de obtener esa información. Esta característica hace que SQL sea mucho más accesible que otros lenguajes de programación.

En el mercado laboral latinoamericano, el conocimiento de SQL se ha vuelto cada vez más valorado. Desde startups hasta empresas tradicionales están buscando profesionales que puedan trabajar con datos de manera efectiva. No es necesario ser un programador para aprender SQL; muchos analistas de negocios, contadores, administradores y profesionales de marketing utilizan SQL en su día a día para obtener información valiosa de sus datos.

A lo largo de este libro, aprenderás desde los conceptos más básicos hasta técnicas avanzadas, siempre con un enfoque práctico y relevante para nuestro contexto. Comenzaremos con consultas simples para obtener información básica, y gradualmente avanzaremos hacia análisis más complejos que te permitirán tomar decisiones informadas en tu negocio o empresa.

La seguridad y la integridad de los datos son aspectos fundamentales en cualquier sistema de base de datos. En Latinoamérica, donde las regulaciones sobre protección de datos están en constante evolución, es crucial entender cómo SQL nos ayuda a mantener nuestros datos seguros. Aprenderás sobre permisos, roles y otras características de seguridad que te permitirán proteger la información sensible de tu empresa.

También abordaremos las mejores prácticas para el diseño de bases de datos. Un buen diseño es como un buen plano arquitectónico: si está bien pensado desde el principio, te ahorrará muchos problemas en el futuro. Veremos cómo estructurar tus tablas de manera eficiente, cómo establecer relaciones entre ellas y cómo optimizar el rendimiento de tus consultas.

La optimización es particularmente importante en nuestro contexto, donde muchas empresas operan con recursos limitados. Una consulta mal diseñada puede hacer que un reporte tarde minutos en generarse, mientras que una bien optimizada puede entregar los mismos resultados en segundos. Aprenderás técnicas prácticas para mejorar el rendimiento de tus consultas y hacer un uso eficiente de los recursos disponibles.

Al finalizar este libro, no solo habrás aprendido SQL, sino que tendrás una comprensión profunda de cómo los datos pueden transformar la manera en que operan los negocios en nuestra región. Podrás crear reportes personalizados, analizar tendencias de ventas, gestionar inventarios de manera eficiente y, lo más importante, tomar decisiones basadas en datos concretos en lugar de intuiciones.

Este primer capítulo es solo el comienzo de tu viaje en el mundo de SQL. En los próximos capítulos, comenzaremos a trabajar con ejemplos prácticos y código real que podrás aplicar inmediatamente en tu trabajo o proyecto personal. Recuerda que cada concepto nuevo que aprendas se construirá sobre los anteriores, así que tómate tu tiempo para practicar y experimentar con los ejemplos que proporcionaremos.

El éxito en el aprendizaje de SQL no se mide por la cantidad de comandos que memorices, sino por tu capacidad para resolver problemas reales con datos. Por eso, cada capítulo incluirá ejercicios prácticos basados en situaciones comunes en empresas latinoamericanas, desde pequeños negocios familiares hasta grandes corporaciones.

Prepárate para embarcar en este viaje de aprendizaje que transformará la manera en que trabajas con datos. En el próximo capítulo, comenzaremos configurando tu ambiente de trabajo y realizarás tu primera consulta SQL. ¡Adelante!

# 2. Preparando tu Ambiente de Trabajo

Antes de sumergirnos en el fascinante mundo de las consultas SQL, necesitamos preparar adecuadamente nuestro ambiente de trabajo. Este paso es fundamental para asegurar una experiencia de aprendizaje fluida y sin contratiempos técnicos que puedan desanimarte en tu camino hacia el dominio de SQL.

Comenzaremos instalando un Sistema Gestor de Bases de Datos (SGBD). Para este libro, utilizaremos MySQL, una de las opciones más populares en Latinoamérica por ser gratuita, robusta y ampliamente utilizada en empresas de todos los tamaños. MySQL es especialmente común en pequeñas y medianas empresas de nuestra región, desde tiendas minoristas hasta empresas de servicios, lo que hace que los conocimientos que adquieras sean inmediatamente aplicables en el mundo real.

Para instalar MySQL en tu computadora, dirígete al sitio web oficial de MySQL (mysql.com) y descarga MySQL Community Server, la versión gratuita del software. La instalación es bastante directa en Windows: simplemente ejecuta el instalador y sigue las instrucciones. Para usuarios de Mac, puedes descargar el DMG correspondiente, y para Linux, puedes utilizar el gestor de paquetes de tu distribución. Durante la instalación, asegúrate de anotar la contraseña que estableces para el usuario root, ya que la necesitarás más adelante.

Además del servidor de base de datos, necesitarás una interfaz gráfica que te permita interactuar con MySQL de manera más amigable. MySQL Workbench es la herramienta oficial y gratuita que recomendamos. Es como tu "escritorio de trabajo" donde escribirás las consultas, verás los resultados y administrarás tus bases de datos. La interfaz está en inglés, pero no te preocupes, te guiaré paso a paso en su uso.

Una vez instalados tanto MySQL Server como MySQL Workbench, abre Workbench y crea una nueva conexión. Aquí utilizarás el usuario root y la contraseña que estableciste durante la instalación. Para verificar que todo está funcionando correctamente, intenta crear una base de datos de prueba con el siguiente comando:

CREATE DATABASE mi_primera_bd;

Si no recibes ningún error, ¡felicitaciones! Tu ambiente de trabajo está listo para comenzar.

Para hacer este aprendizaje más práctico, vamos a crear una base de datos de ejemplo que utilizaremos a lo largo del libro. La llamaremos "tienda_latina" y contendrá tablas que reflejan situaciones comunes en negocios de nuestra región. Por ejemplo, tendremos una tabla de productos con precios en moneda local, una tabla de clientes con documentos de identidad típicos de nuestros países (como DNI, RUT o CURP), y una tabla de ventas que nos permitirá realizar análisis relevantes para nuestro contexto.

Es importante mencionar que, aunque estemos usando MySQL, los conceptos que aprenderás son aplicables a otros sistemas de bases de datos como PostgreSQL, SQL Server o Oracle. La sintaxis básica de SQL es bastante similar en todos ellos, con algunas variaciones menores que mencionaremos cuando sea relevante.

Para facilitar tu proceso de aprendizaje, te recomiendo crear una carpeta en tu computadora donde guardarás todos los scripts SQL que escribiremos. Organiza tus archivos por capítulo y dale nombres descriptivos a cada script. Por ejemplo: "capitulo2_crear_tablas.sql", "capitulo2_insertar_datos.sql". Esta organización te será útil cuando necesites referirte a ejemplos anteriores o cuando quieras practicar lo aprendido.

También es importante configurar el encoding de tu base de datos para que maneje correctamente los caracteres especiales del español, como las tildes y la ñ. En MySQL, esto se logra estableciendo el charset a UTF-8. Cuando crees tu base de datos, utiliza el siguiente comando:

CREATE DATABASE tienda_latina CHARACTER SET utf8mb4 COLLATE utf8mb4_unicode_ci;

Para hacer tu ambiente de trabajo más eficiente, te sugiero familiarizarte con algunos atajos de teclado en MySQL Workbench. Por ejemplo, Ctrl+Enter (Cmd+Enter en Mac) ejecuta la consulta seleccionada, y Ctrl+/ comenta las líneas seleccionadas. Estos pequeños trucos te ahorrarán mucho tiempo a medida que avances en tu aprendizaje.

Una práctica recomendada es crear un usuario específico para tus prácticas, en lugar de usar siempre el usuario root. Esto te ayudará a entender mejor los conceptos de seguridad y permisos que veremos más adelante. Puedes crear un nuevo usuario con el siguiente comando:

CREATE USER 'usuario_practica'@'localhost' IDENTIFIED BY 'tu_contraseña';

GRANT ALL PRIVILEGES ON tienda_latina.* TO 'usuario_practica'@'localhost';

No olvides respaldar regularmente tu trabajo. MySQL Workbench incluye herramientas para exportar tanto la estructura de tus bases de datos como los datos contenidos en ellas. Es una buena práctica hacer esto al final de cada sesión de práctica.

Para verificar que tu instalación está configurada correctamente, realizaremos una pequeña prueba creando una tabla simple:

CREATE TABLE productos (
id INT AUTO_INCREMENT PRIMARY KEY,
nombre VARCHAR(100),
precio DECIMAL(10,2),
stock INT
);

Si puedes crear esta tabla sin errores, significa que tu ambiente está correctamente configurado y listo para comenzar con ejercicios más complejos.

A medida que avances en el libro, iremos agregando más herramientas a tu ambiente de trabajo, como extensiones útiles para MySQL Workbench y scripts de ejemplo más elaborados. Por ahora, con esta configuración básica, estás listo para comenzar tu viaje en el mundo de SQL.

Recuerda que la clave del éxito en el aprendizaje de SQL es la práctica constante. No te preocupes si cometes errores al principio; son parte del proceso de aprendizaje. En el próximo capítulo, comenzaremos a explorar la estructura básica de una base de datos y escribirás tus primeras consultas SQL. ¡Nos vemos allí!

# 3. Estructura Básica de una Base de Datos

Capítulo 3: Estructura Básica de una Base de Datos

Una base de datos es como el plano arquitectónico de una casa: necesita una estructura sólida y bien planificada para funcionar correctamente. En este capítulo, exploraremos los componentes fundamentales que conforman una base de datos relacional, utilizando ejemplos prácticos que reflejan situaciones comunes en negocios latinoamericanos.

Imagina que estás organizando el inventario de una ferretería familiar. Así como tienes diferentes secciones en la tienda (herramientas, pinturas, materiales de construcción), una base de datos se organiza en tablas que almacenan información específica. Cada tabla representa una entidad o concepto importante para tu negocio.

Las tablas son el componente más básico y fundamental de una base de datos. Podemos pensar en una tabla como una hoja de cálculo, con filas y columnas. Cada columna (también llamada campo) representa una característica específica de la información que queremos almacenar, mientras que cada fila (o registro) contiene los datos concretos de un elemento.

Por ejemplo, en una tabla de productos de nuestra ferretería, podríamos tener columnas como ID_Producto, Nombre, Descripcion, Precio, Stock_Actual y Proveedor. Cada fila representaría un producto específico con sus respectivas características. Es importante notar que cada tabla debe tener una columna que sirva como identificador único, conocida como clave primaria (primary key). En nuestro ejemplo, sería ID_Producto.

La estructura de una tabla se define mediante lo que llamamos schema o esquema. El esquema especifica el nombre de cada columna, el tipo de dato que puede contener y cualquier restricción que queramos aplicar. Los tipos de datos más comunes incluyen:

VARCHAR o TEXT: Para texto de longitud variable, como nombres o descripciones.

INTEGER: Para números enteros, como cantidades en inventario.

DECIMAL o NUMERIC: Para números con decimales, como precios.

DATE: Para fechas.

BOOLEAN: Para valores verdadero/falso.

Continuando con nuestro ejemplo de la ferretería, podríamos crear una estructura básica así:

Tabla Productos:

ID_Producto (INTEGER)

Nombre (VARCHAR)

Descripcion (TEXT)

Precio (DECIMAL)

Stock_Actual (INTEGER)

ID_Proveedor (INTEGER)

Tabla Proveedores:

ID_Proveedor (INTEGER)

Nombre (VARCHAR)

Direccion (TEXT)

Telefono (VARCHAR)

Email (VARCHAR)

Un concepto fundamental en las bases de datos relacionales es la integridad referencial, que se mantiene mediante el uso de claves foráneas (foreign keys). En nuestro ejemplo, ID_Proveedor en la tabla Productos es una clave foránea que se relaciona con la clave primaria de la tabla Proveedores. Esto asegura que no podamos ingresar productos con proveedores inexistentes.

Las relaciones entre tablas pueden ser de varios tipos:

Uno a Uno (1:1): Por ejemplo, cada empleado tiene una única credencial de acceso.

Uno a Muchos (1:N): Como un proveedor que suministra múltiples productos.

Muchos a Muchos (N:M): Por ejemplo, cada producto puede aparecer en múltiples órdenes de compra, y cada orden puede contener múltiples productos.

Para implementar una relación muchos a muchos, necesitamos crear una tabla intermedia o tabla de unión. Por ejemplo, si queremos registrar las ventas, necesitaríamos una tabla Ventas y una tabla Detalle_Ventas:

Tabla Ventas:

ID_Venta (INTEGER)

Fecha (DATE)

ID_Cliente (INTEGER)

Total (DECIMAL)

Tabla Detalle_Ventas:

ID_Detalle (INTEGER)

ID_Venta (INTEGER)

ID_Producto (INTEGER)

Cantidad (INTEGER)

Precio_Unitario (DECIMAL)

La normalización es otro concepto crucial en el diseño de bases de datos. Se refiere al proceso de organizar los datos de manera eficiente y eliminar la redundancia. Las formas normales (1NF, 2NF, 3NF) son guías que nos ayudan a estructurar nuestras tablas de manera óptima.

Por ejemplo, en vez de tener los datos del proveedor repetidos en cada producto, los almacenamos una sola vez en la tabla Proveedores y los relacionamos mediante el ID_Proveedor. Esto no solo ahorra espacio, sino que también facilita la actualización de datos: si cambia el teléfono de un proveedor, solo necesitamos actualizarlo en un lugar.

Los constraints (restricciones) son reglas que aplicamos a nuestras tablas para mantener la integridad de los datos. Algunos ejemplos comunes son:

NOT NULL: El campo no puede estar vacío

UNIQUE: El valor debe ser único en toda la tabla

CHECK: El valor debe cumplir ciertas condiciones (por ejemplo, precio > 0)

DEFAULT: Valor predeterminado si no se especifica uno

Al diseñar una base de datos, es importante pensar en el futuro. ¿Qué información adicional podríamos necesitar más adelante? ¿Cómo podríamos necesitar consultar estos datos? Una estructura bien planificada nos ahorrará muchos dolores de cabeza en el futuro.

También debemos considerar el rendimiento. Las tablas muy grandes pueden ralentizar las consultas, por lo que a veces es necesario encontrar un balance entre normalización y eficiencia. En algunos casos, puede ser beneficioso desnormalizar ciertos datos para mejorar el rendimiento de consultas frecuentes.

Finalmente, es crucial documentar nuestra estructura de base de datos. Esto incluye diagramas de relaciones (ERD - Entity Relationship Diagrams), descripción de tablas y campos, y reglas de negocio implementadas mediante constraints. Esta documentación será invaluable tanto para el mantenimiento futuro como para la incorporación de nuevos miembros al equipo.

La estructura de una base de datos es como el cimiento de una casa: si está bien diseñada, podremos construir sobre ella con confianza. Si está mal planificada, cada modificación será un desafío. Toma el tiempo necesario para diseñar tu estructura considerando las necesidades actuales y futuras de tu negocio.

# 4. SELECT: Tu Primera Consulta

La instrucción SELECT es la piedra angular del lenguaje SQL, y dominarla es esencial para cualquier profesional que trabaje con bases de datos. En este capítulo, aprenderemos cómo realizar nuestra primera consulta y exploraremos los conceptos fundamentales que necesitas para comenzar a extraer información útil de tus bases de datos.

Imaginemos que trabajas en una tienda de electrodomésticos en Ciudad de México. Tu jefe te pide un listado de todos los productos disponibles en inventario. Esta es la situación perfecta para utilizar tu primera consulta SELECT. La sintaxis básica es sorprendentemente simple:

SELECT columna1, columna2 FROM nombre_tabla

Por ejemplo, si queremos ver todos los productos en nuestra tabla de inventario, escribiríamos:

SELECT nombre_producto, precio FROM productos

Esta consulta nos mostraría dos columnas: el nombre del producto y su precio. Pero SQL es mucho más flexible. Si queremos ver todas las columnas de una tabla, podemos utilizar el asterisco (*):

SELECT * FROM productos

El asterisco es un comodín que significa "todas las columnas". Sin embargo, en la práctica, es mejor especificar exactamente qué columnas necesitamos. Esto hace que nuestras consultas sean más eficientes y más fáciles de mantener.

Cuando trabajamos con SELECT, es importante entender que podemos hacer más que simplemente mostrar columnas. Podemos realizar cálculos y transformaciones en los datos mientras los consultamos. Por ejemplo, si los precios en nuestra base de datos están en dólares y queremos verlos en pesos mexicanos, podríamos hacer:

SELECT nombre_producto, precio, precio * 17.50 as precio_mxn FROM productos

El "as precio_mxn" es lo que llamamos un alias, y nos permite dar un nombre más descriptivo a nuestra columna calculada. Los alias son especialmente útiles cuando trabajamos con cálculos o cuando queremos hacer nuestros resultados más legibles.

Otro aspecto importante de SELECT es la capacidad de eliminar duplicados usando DISTINCT. Por ejemplo, si quisiéramos ver todos los diferentes fabricantes en nuestra tabla de productos sin repeticiones:

SELECT DISTINCT fabricante FROM productos

Esta función es especialmente útil cuando necesitamos identificar valores únicos en nuestros datos, como por ejemplo, todas las ciudades donde tenemos clientes o todos los modelos de un producto específico.

También podemos trabajar con texto en nuestras consultas SELECT. Por ejemplo, si queremos concatenar información:

SELECT nombre_producto || ' - ' || marca as producto_completo FROM productos

En algunos sistemas de bases de datos, el operador de concatenación puede ser diferente (+ en SQL Server, CONCAT en MySQL), pero el concepto es el mismo.

Un aspecto que frecuentemente confunde a los principiantes es el orden en que SQL procesa una consulta SELECT. Aunque escribimos SELECT primero, el motor de base de datos realmente procesa la cláusula FROM primero. Esto es importante entenderlo cuando comencemos a escribir consultas más complejas.

Podemos también usar SELECT para trabajar con valores literales o constantes:

SELECT 'Inventario del día', CURRENT_DATE, nombre_producto, stock FROM productos

Esta capacidad es útil cuando necesitamos agregar información contextual a nuestros reportes o cuando queremos incluir metadatos en nuestros resultados.

Una práctica común en el desarrollo de consultas es comenzar con SELECT * para explorar los datos, pero esto no es recomendable en un ambiente de producción. Siempre es mejor especificar exactamente qué columnas necesitamos, por varias razones:

1. Mejora el rendimiento al reducir la cantidad de datos transferidos

2. Hace que nuestro código sea más mantenible

3. Evita problemas si la estructura de la tabla cambia en el futuro

4. Reduce el uso de recursos del servidor

También es importante mencionar que SELECT nos permite trabajar con funciones incorporadas del sistema. Por ejemplo, podemos usar funciones de texto para transformar datos mientras los consultamos:

SELECT UPPER(nombre_producto) as producto_mayusculas,

LOWER(marca) as marca_minusculas,

LENGTH(descripcion) as longitud_descripcion

FROM productos

Las posibilidades con SELECT son prácticamente infinitas, especialmente cuando comenzamos a combinarla con otras cláusulas SQL. Por ejemplo, podemos usar funciones de fecha para extraer información temporal:

SELECT nombre_producto,

fecha_ingreso,

EXTRACT(YEAR FROM fecha_ingreso) as año_ingreso

FROM productos

Es común que los principiantes se sientan abrumados por todas las posibilidades que ofrece SELECT. Mi recomendación es comenzar con consultas simples y gradualmente ir agregando más funcionalidad conforme te sientas cómodo con los conceptos básicos.

Recuerda que cada sistema de gestión de bases de datos (como MySQL, PostgreSQL, SQL Server) puede tener ligeras variaciones en la sintaxis o en las funciones disponibles, pero los conceptos fundamentales de SELECT son los mismos en todos ellos.

La práctica es esencial para dominar SELECT. Comienza con consultas simples y ve aumentando la complejidad gradualmente. Experimenta con diferentes combinaciones de columnas, alias y funciones. Cuanto más practiques, más natural se volverá el proceso de escribir consultas SQL.

En los próximos capítulos, aprenderemos a filtrar estos resultados y a hacer consultas más específicas, pero dominar la instrucción SELECT básica es el primer paso fundamental en tu viaje para convertirte en un experto en SQL.

# 5. WHERE: Filtrando Datos

En el capítulo anterior, aprendimos a usar SELECT para obtener datos de nuestras tablas. Sin embargo, frecuentemente necesitamos ser más específicos y obtener solo los registros que cumplan con ciertas condiciones. Aquí es donde entra la cláusula WHERE, una herramienta fundamental que nos permite filtrar datos con precisión.

La Necesidad de Filtrar

Continuando con nuestro ejemplo de la tienda de electrodomésticos en Ciudad de México, imagina que tu jefe te pide una lista de todos los productos que cuestan más de 5,000 pesos. Mostrar toda la tabla de productos y buscar manualmente sería ineficiente. En su lugar, podemos usar WHERE para obtener exactamente lo que necesitamos:

SELECT nombre_producto, precio

FROM productos

WHERE precio > 5000

Operadores de Comparación

WHERE utiliza operadores de comparación que nos resultan familiares de las matemáticas:

- = (igual a)

- > (mayor que)

- < (menor que)

- >= (mayor o igual que)

- <= (menor o igual que)

- <> o != (diferente de)

Por ejemplo, si queremos encontrar todos los productos de la marca Samsung:

SELECT nombre_producto, precio, stock

FROM productos

WHERE marca = 'Samsung'

Trabajando con Texto

Cuando filtramos texto, debemos usar comillas simples. SQL es sensible a mayúsculas y minúsculas en las comparaciones, dependiendo de la configuración de la base de datos. Para hacer búsquedas más flexibles, podemos usar el operador LIKE junto con comodines:

- % representa cualquier número de caracteres

- _ representa un solo carácter

Por ejemplo, para encontrar todos los productos que comienzan con "Lava":

SELECT nombre_producto, precio

FROM productos

WHERE nombre_producto LIKE 'Lava%'

Esto encontraría productos como "Lavadora", "Lavavajillas", etc.

Combinando Condiciones

A menudo necesitamos filtrar por múltiples condiciones. Para esto usamos los operadores lógicos:

- AND: ambas condiciones deben ser verdaderas

- OR: al menos una condición debe ser verdadera

- NOT: niega una condición

Por ejemplo, si queremos encontrar productos Samsung que cuesten menos de 10,000 pesos:

SELECT nombre_producto, precio

FROM productos

WHERE marca = 'Samsung'

AND precio < 10000

Trabajando con Fechas

Las fechas requieren especial atención al filtrar. La sintaxis exacta puede variar según el sistema de base de datos, pero generalmente usamos el formato 'YYYY-MM-DD':

SELECT nombre_producto, fecha_ingreso

FROM productos

WHERE fecha_ingreso >= '2024-01-01'

Filtros con Valores Nulos

En bases de datos, NULL representa la ausencia de un valor. Para filtrar valores nulos, usamos IS NULL o IS NOT NULL:

SELECT nombre_producto, descripcion

FROM productos

WHERE descripcion IS NULL

No podemos usar = NULL, debemos usar específicamente IS NULL.

IN y BETWEEN

Para comparar con múltiples valores, podemos usar IN:

SELECT nombre_producto, precio

FROM productos

WHERE marca IN ('Samsung', 'LG', 'Mabe')

Para rangos de valores, BETWEEN es más elegante que usar >= y <=:

SELECT nombre_producto, precio

FROM productos

WHERE precio BETWEEN 5000 AND 10000

Esto es equivalente a:

WHERE precio >= 5000 AND precio <= 10000

Errores Comunes y Cómo Evitarlos

1. Olvidar las comillas en textos:

Incorrecto: WHERE marca = Samsung

Correcto: WHERE marca = 'Samsung'

2. Usar = NULL en lugar de IS NULL:

Incorrecto: WHERE descripcion = NULL

Correcto: WHERE descripcion IS NULL

3. Confundir = con LIKE:

Para búsquedas exactas usa =

Para búsquedas con patrones usa LIKE

4. No considerar mayúsculas/minúsculas:

Si necesitas una búsqueda insensible a mayúsculas/minúsculas, usa UPPER() o LOWER():

WHERE UPPER(marca) = 'SAMSUNG'

Optimización y Mejores Prácticas

1. Sé específico con tus filtros. Cuanto más preciso seas, mejor será el rendimiento.

2. Usa los índices a tu favor. Las columnas que frecuentemente usas en WHERE deberían estar indexadas.

3. Evita usar funciones en la cláusula WHERE cuando sea posible, ya que esto puede impedir el uso de índices.

4. Considera el orden de tus condiciones: pon primero las más restrictivas cuando uses AND, y las menos restrictivas cuando uses OR.

Ejercicios Prácticos

Para practicar el uso de WHERE, intenta estos ejercicios con tu base de datos:

1. Encuentra todos los productos que:

- Cuestan más de 15,000 pesos

- Son de la marca Samsung o LG

- Fueron ingresados este año

2. Lista los productos que:

- Tienen menos de 5 unidades en stock

- No tienen descripción

- Su nombre comienza con "Smart"

En el próximo capítulo, aprenderemos a ordenar nuestros resultados usando ORDER BY, lo que nos permitirá presentar la información de manera más organizada y útil.

Recuerda: WHERE es como un filtro que nos ayuda a obtener exactamente los datos que necesitamos. Mientras más práctica tengas construyendo condiciones de filtrado, más eficiente serás en la gestión de datos. La clave está en ser preciso con tus condiciones y entender cómo combinarlas para obtener exactamente la información que necesitas.

# 6. Caso Práctico: Análisis de Ventas de una Tienda Local

En este capítulo, exploraremos un caso práctico que refleja una situación común en nuestro entorno latinoamericano: el análisis de ventas de una tienda local. Utilizaremos una base de datos de ejemplo que representa una tienda de electrodomésticos, "Electrohogar López", un negocio familiar que ha estado operando durante más de 15 años en un barrio comercial.

Comenzaremos trabajando con una base de datos que contiene varias tablas relacionadas con las operaciones diarias de la tienda. La tabla principal "ventas" registra todas las transacciones, mientras que las tablas complementarias "productos", "clientes" y "vendedores" contienen la información detallada de cada aspecto del negocio. Veamos primero la estructura básica de estas tablas para entender mejor cómo están organizados nuestros datos.

La tabla "ventas" incluye campos como id_venta, fecha_venta, id_producto, id_cliente, id_vendedor, cantidad, precio_unitario y total. Esta estructura nos permite realizar análisis detallados de cada transacción. Para comenzar nuestro análisis, necesitamos identificar las ventas totales por mes. Utilizaremos la siguiente consulta:

SELECT MONTH(fecha_venta) as mes, YEAR(fecha_venta) as año, SUM(total) as ventas_totales FROM ventas GROUP BY MONTH(fecha_venta), YEAR(fecha_venta) ORDER BY año, mes;

Esta consulta nos proporciona una visión general de las tendencias mensuales de ventas. Pero vamos más allá. El señor López, dueño de la tienda, quiere saber cuáles son sus productos más vendidos y qué vendedores están teniendo mejor desempeño. Para esto, necesitamos combinar información de varias tablas utilizando JOINS.

Para identificar los productos más vendidos, utilizamos:

SELECT p.nombre_producto, SUM(v.cantidad) as unidades_vendidas, SUM(v.total) as ingreso_total FROM ventas v JOIN productos p ON v.id_producto = p.id_producto GROUP BY p.nombre_producto ORDER BY unidades_vendidas DESC LIMIT 10;

Esta consulta nos muestra no solo qué productos se venden más, sino también cuánto ingreso generan, información crucial para decisiones de inventario y promociones. El señor López notó que las lavadoras y refrigeradores son sus productos más rentables, pero también observó que algunos productos de menor precio, como licuadoras y planchas, tienen un volumen de ventas significativo.

Para analizar el desempeño de los vendedores, creamos una consulta más compleja:

SELECT v.nombre_vendedor, COUNT(vt.id_venta) as total_ventas, SUM(vt.total) as monto_total, ROUND(AVG(vt.total), 2) as promedio_venta FROM vendedores v JOIN ventas vt ON v.id_vendedor = vt.id_vendedor GROUP BY v.nombre_vendedor ORDER BY monto_total DESC;

Esta consulta revela patrones interesantes en el equipo de ventas. Por ejemplo, algunos vendedores pueden tener menos ventas totales pero un promedio de venta más alto, lo que sugiere que son más efectivos vendiendo productos de alto valor.

Un aspecto importante para la tienda es entender los patrones de compra de los clientes. Para esto, creamos un análisis de frecuencia de compra:

SELECT c.nombre_cliente, COUNT(v.id_venta) as frecuencia_compra, SUM(v.total) as total_gastado, MAX(v.fecha_venta) as ultima_compra FROM clientes c JOIN ventas v ON c.id_cliente = v.id_cliente GROUP BY c.nombre_cliente HAVING COUNT(v.id_venta) > 1 ORDER BY frecuencia_compra DESC;

Esta información es valiosa para implementar un programa de fidelización y dirigir promociones específicas a diferentes segmentos de clientes. El señor López descubrió que varios de sus clientes más frecuentes son pequeños negocios locales que compran electrodomésticos para reventa.

Para analizar la estacionalidad de las ventas, creamos una consulta que muestra las ventas por temporada:

SELECT CASE WHEN MONTH(fecha_venta) IN (12,1,2) THEN 'Verano' WHEN MONTH(fecha_venta) IN (3,4,5) THEN 'Otoño' WHEN MONTH(fecha_venta) IN (6,7,8) THEN 'Invierno' ELSE 'Primavera' END as temporada, YEAR(fecha_venta) as año, SUM(total) as ventas_totales FROM ventas GROUP BY temporada, año ORDER BY año, FIELD(temporada, 'Verano', 'Otoño', 'Invierno', 'Primavera');

Este análisis reveló que las ventas de aires acondicionados se disparan en primavera, mientras que las estufas y calefactores tienen mayor demanda en otoño, permitiendo una mejor planificación del inventario.

También es importante analizar la rentabilidad por categoría de producto:

SELECT c.nombre_categoria, COUNT(v.id_venta) as numero_ventas, SUM(v.total) as ventas_totales, ROUND(AVG(v.total), 2) as ticket_promedio FROM categorias c JOIN productos p ON c.id_categoria = p.id_categoria JOIN ventas v ON p.id_producto = v.id_producto GROUP BY c.nombre_categoria ORDER BY ventas_totales DESC;

Esta información ayudó al señor López a tomar decisiones sobre qué categorías de productos merecen más espacio en la tienda y mayores esfuerzos de marketing.

Para finalizar, creamos un dashboard básico con las métricas más importantes:

SELECT 'Ventas Totales' as metrica, SUM(total) as valor FROM ventas WHERE fecha_venta >= DATE_SUB(CURDATE(), INTERVAL 30 DAY) UNION SELECT 'Número de Transacciones', COUNT(*) FROM ventas WHERE fecha_venta >= DATE_SUB(CURDATE(), INTERVAL 30 DAY) UNION SELECT 'Ticket Promedio', AVG(total) FROM ventas WHERE fecha_venta >= DATE_SUB(CURDATE(), INTERVAL 30 DAY);

Este caso práctico demuestra cómo SQL puede transformar datos brutos en información accionable para una pequeña empresa. El señor López ahora puede tomar decisiones más informadas sobre inventario, personal y estrategias de marketing. Las consultas que hemos creado son solo el comienzo; pueden modificarse y expandirse según las necesidades específicas del negocio.

Recuerda que al trabajar con datos de ventas reales, es importante verificar la integridad de los datos y considerar factores externos que puedan afectar las tendencias observadas. También es crucial mantener respaldos regulares de la base de datos y establecer permisos apropiados para proteger la información sensible del negocio.

# 7. Operadores de Comparación

Los operadores de comparación son herramientas fundamentales en SQL que nos permiten establecer condiciones específicas para filtrar y analizar datos. En el contexto latinoamericano, donde cada vez más empresas dependen del análisis de datos para tomar decisiones, comprender estos operadores es esencial para cualquier profesional que trabaje con bases de datos.

Comencemos con el operador de igualdad (=), probablemente el más utilizado en consultas diarias. Por ejemplo, si trabajamos en una tienda departamental y necesitamos encontrar todos los productos de una marca específica, podríamos usar: SELECT * FROM productos WHERE marca = 'Samsung'. Este operador nos permite ser precisos en nuestra búsqueda, especialmente útil cuando necesitamos información exacta.

Los operadores mayor que (>) y menor que (<) son particularmente útiles cuando trabajamos con valores numéricos o fechas. Imaginemos que necesitamos identificar todos los productos con un precio superior a 1000 pesos: SELECT nombre_producto, precio FROM productos WHERE precio > 1000. Estos operadores son fundamentales para análisis de rangos de precios, fechas de vencimiento o niveles de inventario.

Los operadores mayor o igual que (>=) y menor o igual que (<=) agregan inclusividad a nuestras comparaciones. Por ejemplo, si necesitamos encontrar todas las ventas realizadas hasta una fecha específica: SELECT * FROM ventas WHERE fecha_venta <= '2023-12-31'. Estos operadores son especialmente útiles cuando trabajamos con fechas límite o rangos de valores que incluyen el valor de comparación.

El operador diferente de (<> o !=) nos permite excluir registros específicos de nuestros resultados. Por ejemplo, si queremos ver todos los productos excepto los que están en oferta: SELECT * FROM productos WHERE estado <> 'oferta'. Este operador es valioso cuando necesitamos filtrar elementos que no cumplen con ciertos criterios.

BETWEEN es un operador que simplifica la búsqueda de valores dentro de un rango. En lugar de escribir precio >= 100 AND precio <= 500, podemos usar: SELECT * FROM productos WHERE precio BETWEEN 100 AND 500. Este operador es particularmente útil cuando trabajamos con rangos de precios, fechas o cualquier valor numérico.

El operador IN nos permite comparar un valor con una lista de posibles coincidencias. Por ejemplo, si queremos encontrar productos de varias categorías específicas: SELECT * FROM productos WHERE categoria IN ('Electrónicos', 'Hogar', 'Jardín'). Este operador simplifica consultas que de otro modo requerirían múltiples condiciones OR.

LIKE es un operador especialmente útil para búsquedas de texto parcial. Utiliza comodines como % (cualquier número de caracteres) y _ (un solo carácter). Por ejemplo, para buscar todos los clientes cuyo apellido comience con "Gon": SELECT * FROM clientes WHERE apellido LIKE 'Gon%'. Este operador es invaluable cuando trabajamos con búsquedas flexibles de texto.

IS NULL y IS NOT NULL son operadores que nos permiten trabajar con valores nulos en nuestra base de datos. Por ejemplo, para encontrar productos que no tienen fecha de vencimiento registrada: SELECT * FROM productos WHERE fecha_vencimiento IS NULL. Estos operadores son cruciales para mantener la calidad de nuestros datos y encontrar registros incompletos.

En la práctica, estos operadores suelen combinarse para crear condiciones más complejas. Por ejemplo, si necesitamos encontrar productos que estén en stock, con precio entre 1000 y 5000 pesos, y que no sean de una marca específica:

```
SELECT nombre_producto, precio, stock
FROM productos
WHERE stock > 0
```

AND precio BETWEEN 1000 AND 5000

AND marca <> 'GenericBrand';

Es importante considerar el rendimiento al usar estos operadores. Por ejemplo, el operador LIKE con un comodín al inicio del patrón (como '%texto') puede ser menos eficiente porque no puede utilizar índices efectivamente. En bases de datos grandes, esto puede impactar significativamente el tiempo de respuesta de nuestras consultas.

También debemos tener en cuenta las particularidades de cada tipo de dato al usar estos operadores. Las comparaciones de texto pueden ser sensibles a mayúsculas y minúsculas dependiendo de la configuración de la base de datos. Las comparaciones de fechas deben considerar el formato correcto y las zonas horarias.

Los operadores de comparación son especialmente útiles cuando trabajamos con datos financieros. Por ejemplo, en una empresa de retail podríamos necesitar identificar transacciones sospechosas:

SELECT *

FROM transacciones

WHERE monto > 50000

AND hora_transaccion BETWEEN '23:00:00' AND '06:00:00'

AND tipo_pago IN ('efectivo', 'crypto');

Para el manejo de inventario, podemos usar estos operadores para crear alertas de stock bajo:

SELECT codigo_producto, nombre_producto, stock_actual

FROM inventario

WHERE stock_actual <= punto_reorden

AND estado <> 'descontinuado'

ORDER BY stock_actual;

En el análisis de rendimiento de empleados, podríamos usar:

SELECT nombre_vendedor, total_ventas

FROM vendedores

WHERE total_ventas >= (

SELECT AVG(total_ventas) * 1.2

```
FROM vendedores
)
ORDER BY total_ventas DESC;
```

Es fundamental entender que estos operadores no solo sirven para filtrar datos, sino que son la base para crear lógica de negocio en nuestras aplicaciones. Por ejemplo, pueden usarse en triggers para automatizar procesos:

```
CREATE TRIGGER check_precio
BEFORE INSERT ON productos
FOR EACH ROW
BEGIN
IF NEW.precio <= 0 THEN
SIGNAL SQLSTATE '45000'
SET MESSAGE_TEXT = 'El precio debe ser mayor que cero';
END IF;
END;
```

Los operadores de comparación son herramientas versátiles que, cuando se dominan adecuadamente, nos permiten extraer exactamente la información que necesitamos de nuestras bases de datos. Son fundamentales para la toma de decisiones basada en datos y para la automatización de procesos empresariales.

# 8. Operadores Lógicos (AND, OR, NOT)

Los operadores lógicos son las herramientas que nos permiten crear condiciones más complejas en nuestras consultas SQL. Son fundamentales cuando necesitamos combinar múltiples criterios para obtener resultados más precisos. Pensemos en estos operadores como los bloques de construcción que nos permiten crear filtros sofisticados y específicos.

Entendiendo AND

El operador AND es como decir "y también" en nuestras consultas. Requiere que TODAS las condiciones sean verdaderas para que un registro sea incluido en los resultados. Por ejemplo, si en nuestra tienda de electrodomésticos queremos encontrar televisores Samsung que cuesten menos de 15,000 pesos:

SELECT nombre_producto, marca, precio

FROM productos

WHERE marca = 'Samsung'

AND categoria = 'Televisor'

AND precio < 15000

Cada condición adicional con AND reduce el número de resultados, haciendo nuestra búsqueda más específica. Es como aplicar filtros sucesivos, donde cada uno elimina más registros que no cumplen con nuestros criterios.

Trabajando con OR

OR es diferente: solo necesita que UNA de las condiciones sea verdadera. Es útil cuando queremos incluir múltiples posibilidades. Por ejemplo, si queremos ver productos de varias marcas:

SELECT nombre_producto, marca, precio

FROM productos

WHERE marca = 'Samsung'

OR marca = 'LG'

OR marca = 'Sony'

OR es más inclusivo que AND, ya que amplía nuestros resultados en lugar de reducirlos. Cada condición OR agrega más registros a nuestros resultados.

El Poder de NOT

NOT es simple pero poderoso: invierte el resultado de una condición. Es útil cuando queremos excluir ciertos registros:

SELECT nombre_producto, marca, precio

FROM productos

WHERE NOT marca = 'Samsung'

También podemos escribirlo como:

WHERE marca <> 'Samsung'

Combinando Operadores

Aquí es donde las cosas se ponen interesantes. Podemos combinar AND, OR y NOT para crear condiciones muy específicas. Por ejemplo, si queremos encontrar televisores o sonidos que no sean de Samsung y cuesten menos de 20,000 pesos:

SELECT nombre_producto, marca, precio, categoria

FROM productos

WHERE (categoria = 'Televisor' OR categoria = 'Sonido')

AND NOT marca = 'Samsung'

AND precio < 20000

Observa los paréntesis en el ejemplo anterior. Son cruciales para asegurar que las condiciones se evalúen en el orden correcto.

Orden de Evaluación

SQL evalúa los operadores lógicos en este orden:

1. Paréntesis ()

2. NOT

3. AND

4. OR

Por eso es importante usar paréntesis para agrupar condiciones cuando combinamos AND y OR. Comparemos estos dos ejemplos:

Ejemplo 1:

WHERE categoria = 'Televisor'

OR categoria = 'Sonido'

AND precio < 10000

Ejemplo 2:

WHERE (categoria = 'Televisor' OR categoria = 'Sonido')

AND precio < 10000

¡No son lo mismo! El primer ejemplo encontrará todos los televisores (sin importar el precio) más los equipos de sonido que cuesten menos de 10,000 pesos. El segundo ejemplo encontrará televisores y equipos de sonido que cuesten menos de 10,000 pesos.

Errores Comunes

1. Olvidar los paréntesis cuando se combinan AND y OR:

Incorrecto:

WHERE marca = 'Samsung' OR marca = 'LG' AND precio < 10000

Correcto:

WHERE (marca = 'Samsung' OR marca = 'LG') AND precio < 10000

2. Usar múltiples NOT cuando una comparación directa sería más clara:

Complicado:

WHERE NOT (NOT (marca = 'Samsung'))

Simple:

WHERE marca = 'Samsung'

3. No considerar el orden de evaluación:

WHERE categoria = 'Televisor' OR marca = 'Samsung' AND precio < 10000

¿Quieres todos los televisores más los Samsung baratos, o todos los productos (televisores y Samsung) baratos?

Mejores Prácticas

1. Usa paréntesis incluso cuando no son estrictamente necesarios. Mejoran la legibilidad y previenen errores.

2. Mantén las condiciones simples y legibles. Si tu WHERE tiene más de 3-4 condiciones, considera si hay una manera más clara de escribirlo.

3. Usa sangría y líneas múltiples para hacer tus condiciones más legibles:

```
SELECT nombre_producto, marca, precio
FROM productos
WHERE (
categoria = 'Televisor'
OR categoria = 'Sonido'
)
AND (
marca = 'Samsung'
OR marca = 'LG'
)
AND precio < 20000
```

4. Considera usar IN en lugar de múltiples OR cuando compares la misma columna con diferentes valores:

En lugar de:

```
WHERE marca = 'Samsung' OR marca = 'LG' OR marca = 'Sony'
```

Usa:

```
WHERE marca IN ('Samsung', 'LG', 'Sony')
```

Casos Prácticos

1. Encontrar productos en oferta o con bajo stock:

```
SELECT nombre_producto, precio, stock
FROM productos
WHERE precio < 5000
OR stock < 10
```

2. Productos premium de ciertas marcas:

```
SELECT nombre_producto, marca, precio
FROM productos
WHERE precio >= 20000
```

AND marca IN ('Samsung', 'LG', 'Sony')
AND NOT categoria = 'Accesorios'
3. Filtros de búsqueda avanzada:
SELECT nombre_producto, marca, precio, categoria
FROM productos
WHERE (
nombre_producto LIKE '%Smart%'
OR descripcion LIKE '%Smart%'
)
AND precio BETWEEN 5000 AND 15000
AND NOT marca = 'Marcas Genéricas'

Recuerda: los operadores lógicos son como las piezas de un rompecabezas que nos permiten construir consultas precisas y potentes. La clave está en entender cómo se combinan y en usar paréntesis para asegurar que nuestras condiciones se evalúen exactamente como queremos.

# 9. ORDER BY: Organizando Resultados

La organización de resultados es un aspecto fundamental en el análisis de datos que frecuentemente pasamos por alto. Cuando trabajamos con bases de datos en empresas latinoamericanas, la presentación ordenada de la información puede ser la diferencia entre una toma de decisiones efectiva y una confusa interpretación de los datos. La cláusula ORDER BY en SQL nos permite controlar exactamente cómo queremos que se presenten nuestros resultados, facilitando la lectura y el análisis de la información.

Imagina que estás trabajando en una empresa de retail en Ciudad de México y necesitas analizar las ventas diarias. Sin un orden específico, los datos aparecerían de manera caótica, dificultando la identificación de patrones o tendencias. ORDER BY nos permite organizar estos resultados de manera ascendente (ASC) o descendente (DESC), según nuestras necesidades. La sintaxis básica es sorprendentemente simple: simplemente agregamos ORDER BY seguido del nombre de la columna al final de nuestra consulta SELECT.

Por ejemplo, si queremos ver todas las ventas ordenadas por fecha, escribiríamos:

SELECT fecha_venta, monto, producto FROM ventas ORDER BY fecha_venta DESC;

Este comando nos mostrará las ventas más recientes primero, lo cual es especialmente útil cuando necesitamos revisar las últimas transacciones. El orden ascendente (ASC) es el predeterminado, por lo que no necesitamos especificarlo explícitamente si queremos ver los resultados del más antiguo al más reciente.

Una característica poderosa de ORDER BY es la capacidad de ordenar por múltiples columnas. Esto es particularmente útil en situaciones comunes en nuestras empresas, como cuando necesitamos organizar ventas primero por región y luego por monto. La sintaxis sería:

SELECT region, monto, producto FROM ventas ORDER BY region ASC, monto DESC;

Este tipo de ordenamiento es invaluable cuando preparamos reportes jerárquicos, como análisis de ventas por departamento y luego por vendedor, o cuando necesitamos identificar los productos más vendidos en cada categoría.

También podemos ordenar utilizando números que representan la posición de las columnas en nuestra consulta SELECT. Por ejemplo:

SELECT nombre, apellido, ventas_totales FROM empleados ORDER BY 3 DESC;

Aquí, el número 3 se refiere a la columna ventas_totales. Sin embargo, es una práctica recomendada usar los nombres de las columnas en lugar de números, ya que hace nuestro código más legible y mantenible.

Un aspecto interesante de ORDER BY es su comportamiento con valores NULL. Por defecto, en un ordenamiento ascendente, los valores NULL aparecen primero, y en uno descendente, aparecen al final. Sin embargo, podemos controlar esto utilizando NULLS FIRST o NULLS LAST, aunque esta funcionalidad no está disponible en todos los sistemas de gestión de bases de datos.

Cuando trabajamos con datos en español, es importante considerar el manejo de caracteres especiales y acentos. La mayoría de los sistemas modernos manejan esto correctamente, pero es algo que debemos verificar, especialmente cuando ordenamos nombres o direcciones que contienen ñ, tildes o diéresis.

Un caso común en empresas latinoamericanas es el ordenamiento de nombres y apellidos. En nuestra cultura, frecuentemente necesitamos ordenar por apellido paterno primero, luego materno y finalmente por nombre. Podemos lograrlo así:

SELECT nombre, apellido_paterno, apellido_materno FROM clientes ORDER BY apellido_paterno, apellido_materno, nombre;

También podemos utilizar expresiones o funciones dentro de ORDER BY. Por ejemplo, si necesitamos ordenar por el monto de venta incluyendo impuestos:

SELECT producto, monto, impuesto FROM ventas ORDER BY monto + (monto * impuesto) DESC;

Una aplicación práctica común en nuestras empresas es el análisis de rendimiento de vendedores. Podríamos querer ver quiénes son nuestros mejores vendedores por mes:

SELECT nombre_vendedor, SUM(monto_venta) as total_ventas, MONTH(fecha_venta) as mes FROM ventas GROUP BY nombre_vendedor, MONTH(fecha_venta) ORDER BY mes, total_ventas DESC;

Es importante mencionar que ORDER BY siempre debe ser la última cláusula en nuestra consulta SQL. El orden de ejecución de las cláusulas en SQL es: FROM, WHERE, GROUP BY, HAVING, SELECT, ORDER BY. Entender este orden nos ayuda a escribir consultas más eficientes y a depurar problemas cuando los resultados no son los esperados.

Cuando trabajamos con grandes volúmenes de datos, como es común en empresas medianas y grandes de Latinoamérica, debemos ser conscientes del impacto en el rendimiento que puede tener ORDER BY. Ordenar grandes conjuntos de datos requiere recursos significativos del servidor, por lo que es importante considerar la creación de índices en las columnas que frecuentemente usamos para ordenar.

Una práctica recomendada es limitar el número de filas cuando no necesitamos ver todos los resultados ordenados. Por ejemplo, si solo necesitamos los 10 productos más vendidos:

SELECT producto, SUM(cantidad) as total_vendido FROM ventas GROUP BY producto ORDER BY total_vendido DESC LIMIT 10;

El uso efectivo de ORDER BY puede mejorar significativamente la presentación y análisis de datos en nuestros reportes diarios. Ya sea que estemos preparando un informe de ventas para la gerencia, analizando el rendimiento de empleados, o identificando tendencias en el comportamiento de clientes, la capacidad de ordenar resultados de manera precisa es una habilidad fundamental en el manejo de bases de datos.

Recordemos que la claridad en la presentación de datos es crucial para la toma de decisiones efectiva en nuestras empresas. Un buen ordenamiento puede hacer la diferencia entre un reporte confuso y uno que comunica claramente la información necesaria para tomar decisiones informadas.

# 10. Funciones de Agregación Básicas

L as funciones de agregación son herramientas fundamentales en SQL que nos permiten realizar cálculos sobre grupos de datos, proporcionando información resumida que es crucial para la toma de decisiones empresariales. En el contexto latinoamericano, donde muchas empresas necesitan analizar grandes volúmenes de datos de ventas, inventarios y operaciones diarias, estas funciones se vuelven indispensables para obtener insights valiosos.

Las cinco funciones de agregación más utilizadas son COUNT, SUM, AVG, MAX y MIN. Cada una tiene un propósito específico que se adapta a diferentes necesidades de análisis. Comencemos con COUNT, que nos permite contar registros. Por ejemplo, en una tienda de electrodomésticos en Buenos Aires, podríamos necesitar saber cuántas ventas se realizaron en el último mes:

SELECT COUNT(*) as total_ventas FROM ventas WHERE MONTH(fecha_venta) = MONTH(CURRENT_DATE);

La función SUM es especialmente útil para calcular totales monetarios. En el contexto de una empresa colombiana, podríamos necesitar calcular el total de ingresos por región:

SELECT region, SUM(monto_venta) as ingresos_totales FROM ventas GROUP BY region;

AVG nos permite calcular promedios, lo cual es fundamental para analizar tendencias y comportamientos. Por ejemplo, en una cadena de supermercados en Chile, podríamos querer conocer el ticket promedio por sucursal:

SELECT sucursal, AVG(monto_total) as ticket_promedio FROM ventas GROUP BY sucursal;

Las funciones MAX y MIN son excelentes para identificar valores extremos. En una distribuidora peruana, podríamos necesitar identificar el pedido más grande y más pequeño del mes:

SELECT MAX(monto_pedido) as pedido_maximo, MIN(monto_pedido) as pedido_minimo FROM pedidos WHERE MONTH(fecha_pedido) = MONTH(CURRENT_DATE);

Una característica importante de las funciones de agregación es que pueden combinarse con otras cláusulas SQL para análisis más sofisticados. Por ejemplo, podemos usar WHERE para filtrar antes de agregar:

SELECT COUNT(DISTINCT cliente_id) as total_clientes FROM ventas WHERE monto_venta > 1000 AND YEAR(fecha_venta) = 2023;

En el contexto de una empresa mexicana de retail, podríamos necesitar análisis más complejos que combinen múltiples funciones de agregación:

SELECT categoria_producto, COUNT(*) as total_ventas, SUM(monto) as ingreso_total, AVG(monto) as ticket_promedio, MAX(monto) as venta_maxima FROM ventas GROUP BY categoria_producto;

Es importante entender que las funciones de agregación ignoran los valores NULL por defecto. Sin embargo, COUNT(*) es una excepción, ya que cuenta todas las filas independientemente de los valores NULL. En casos donde necesitamos considerar los NULL, podemos usar COALESCE:

SELECT AVG(COALESCE(monto_venta, 0)) as promedio_ventas FROM ventas;

Las funciones de agregación también pueden ser útiles para análisis de rendimiento de empleados. En una empresa argentina de ventas directas, podríamos querer calcular estadísticas por vendedor:

SELECT vendedor_id, COUNT(*) as total_ventas, SUM(monto) as ventas_totales, AVG(monto) as promedio_venta FROM ventas GROUP BY vendedor_id;

Un caso común en empresas latinoamericanas es el análisis de inventario. Podríamos necesitar saber el valor total del inventario por almacén:

SELECT almacen, SUM(cantidad * precio_unitario) as valor_inventario FROM inventario GROUP BY almacen;

Las funciones de agregación también son valiosas para el control de calidad de datos. Por ejemplo, podemos identificar anomalías en los registros:

SELECT COUNT(*) as registros_sospechosos FROM ventas WHERE monto_venta > (SELECT AVG(monto_venta) * 3 FROM ventas);

En el contexto de una empresa de servicios brasileña, podríamos necesitar analizar la satisfacción del cliente:

SELECT departamento, AVG(calificacion) as satisfaccion_promedio, COUNT(*) as total_evaluaciones FROM evaluaciones_cliente GROUP BY departamento;

Es importante mencionar que las funciones de agregación pueden afectar el rendimiento de la base de datos, especialmente con grandes volúmenes de datos. Por ello, es recomendable crear índices en las columnas frecuentemente utilizadas en agregaciones y considerar el uso de vistas materializadas para cálculos frecuentes.

También podemos usar funciones de agregación con condiciones CASE, lo que nos permite realizar cálculos más específicos:

SELECT SUM(CASE WHEN tipo_pago = 'efectivo' THEN monto ELSE 0 END) as total_efectivo, SUM(CASE WHEN tipo_pago = 'tarjeta' THEN monto ELSE 0 END) as total_tarjeta FROM ventas;

En el análisis de tendencias temporales, las funciones de agregación son especialmente útiles. Por ejemplo, para una empresa venezolana de comercio electrónico:

SELECT MONTH(fecha_venta) as mes, COUNT(*) as total_pedidos, SUM(monto) as ventas_totales FROM ventas

WHERE YEAR(fecha_venta) = 2023 GROUP BY MONTH(fecha_venta);

Las funciones de agregación son herramientas poderosas que, cuando se utilizan correctamente, pueden proporcionar insights valiosos para la toma de decisiones empresariales. Ya sea para análisis financieros, control de inventario, evaluación de desempeño o satisfacción del cliente, estas funciones son fundamentales en el día a día de cualquier profesional que trabaje con bases de datos en Latinoamérica.

# 11. GROUP BY: Agrupando Datos

La cláusula GROUP BY es una de las herramientas más poderosas en SQL, especialmente cuando necesitamos analizar datos agrupados por categorías específicas. En el contexto latinoamericano, donde las empresas frecuentemente necesitan analizar datos por región, departamento o categoría de producto, esta funcionalidad se vuelve particularmente valiosa.

El GROUP BY nos permite organizar los datos en grupos basados en una o más columnas, y luego aplicar funciones de agregación a cada grupo. Por ejemplo, en una cadena de farmacias mexicana, podríamos necesitar analizar las ventas por sucursal:

SELECT sucursal, SUM(monto_venta) as ventas_totales FROM ventas GROUP BY sucursal;

La verdadera potencia del GROUP BY se revela cuando lo combinamos con múltiples columnas. Imaginemos una empresa de retail colombiana que necesita analizar el comportamiento de ventas por departamento y categoría de producto:

SELECT departamento, categoria_producto, COUNT(*) as cantidad_ventas, SUM(monto) as total_ventas FROM ventas GROUP BY departamento, categoria_producto;

Un aspecto importante a considerar es que cuando usamos GROUP BY, todas las columnas en la cláusula SELECT que no son parte de una función de agregación deben estar incluidas en el GROUP BY. Esto asegura que los resultados sean lógicos y consistentes. Por ejemplo, en una distribuidora peruana:

SELECT region, vendedor, YEAR(fecha_venta) as año, SUM(monto) as ventas_totales FROM ventas GROUP BY region, vendedor, YEAR(fecha_venta);

El GROUP BY es especialmente útil para análisis temporales. En una empresa argentina de servicios, podríamos querer ver la evolución mensual de las ventas:

SELECT MONTH(fecha_venta) as mes, YEAR(fecha_venta) as año, COUNT(*) as total_servicios, SUM(monto) as ingresos_totales FROM servicios GROUP BY MONTH(fecha_venta), YEAR(fecha_venta) ORDER BY año, mes;

También podemos utilizar GROUP BY para análisis más sofisticados que incluyan cálculos derivados. Por ejemplo, en una cadena de supermercados chilena:

SELECT categoria, SUM(monto) as ventas_totales, COUNT(*) as numero_ventas, SUM(monto)/COUNT(*) as ticket_promedio FROM ventas GROUP BY categoria;

Una aplicación común del GROUP BY en empresas latinoamericanas es el análisis de rendimiento de vendedores por región:

SELECT region, vendedor_id, COUNT(*) as total_ventas, SUM(monto) as ventas_totales, AVG(monto) as ticket_promedio FROM ventas GROUP BY region, vendedor_id ORDER BY region, ventas_totales DESC;

El GROUP BY también es valioso para el análisis de inventario. En una empresa brasileña de manufactura:

SELECT almacen, categoria_producto, SUM(cantidad) as stock_total, COUNT(DISTINCT producto_id) as numero_productos FROM inventario GROUP BY almacen, categoria_producto;

Un caso interesante es cuando necesitamos agrupar por rangos de valores. Por ejemplo, en una empresa financiera venezolana:

SELECT CASE WHEN monto < 1000 THEN 'Pequeño' WHEN monto < 5000 THEN 'Mediano' ELSE 'Grande' END as tamaño_transaccion, COUNT(*) as cantidad_transacciones FROM transacciones GROUP BY CASE WHEN monto < 1000 THEN 'Pequeño' WHEN monto < 5000 THEN 'Mediano' ELSE 'Grande' END;

Es importante mencionar que el GROUP BY puede afectar significativamente el rendimiento de las consultas, especialmente con grandes volúmenes de datos. Por ello, es crucial tener índices apropiados en las columnas utilizadas frecuentemente para agrupación.

El GROUP BY también es útil para análisis de satisfacción del cliente. En una empresa de telecomunicaciones ecuatoriana:

SELECT ciudad, tipo_servicio, AVG(calificacion) as satisfaccion_promedio, COUNT(*) as total_evaluaciones FROM encuestas_satisfaccion GROUP BY ciudad, tipo_servicio;

Podemos combinar GROUP BY con subconsultas para análisis más complejos. Por ejemplo, para identificar las categorías de productos que superan el promedio de ventas:

SELECT categoria, SUM(monto) as ventas_totales FROM ventas GROUP BY categoria HAVING SUM(monto) > (SELECT AVG(total_ventas) FROM (SELECT categoria, SUM(monto) as total_ventas FROM ventas GROUP BY categoria) as promedios);

El GROUP BY también es valioso para el análisis de métricas operativas. En una empresa logística:

SELECT ruta, COUNT(*) as total_envios, AVG(tiempo_entrega) as tiempo_promedio, SUM(costo_envio) as costo_total FROM envios GROUP BY ruta;

Para análisis de marketing, el GROUP BY puede ayudar a entender el comportamiento de diferentes segmentos de clientes:

SELECT segmento_cliente, rango_edad, COUNT(*) as total_clientes, AVG(monto_compra) as compra_promedio FROM clientes JOIN ventas ON clientes.id = ventas.cliente_id GROUP BY segmento_cliente, rango_edad;

En el contexto de control de calidad, podemos usar GROUP BY para identificar patrones de defectos:

SELECT planta_produccion, tipo_defecto, COUNT(*) as cantidad_defectos FROM control_calidad WHERE YEAR(fecha) = 2023 GROUP BY planta_produccion, tipo_defecto;

El GROUP BY también es útil para análisis de recursos humanos. En una empresa multinacional latinoamericana:

SELECT departamento, nivel_cargo, AVG(salario) as salario_promedio, COUNT(*) as total_empleados FROM empleados GROUP BY departamento, nivel_cargo;

Finalmente, es importante recordar que el GROUP BY debe usarse de manera estratégica, considerando siempre el volumen de datos y el propósito del análisis. Un GROUP BY bien diseñado puede proporcionar insights valiosos que ayuden en la toma de decisiones empresariales, mientras que uno mal implementado puede resultar en consultas lentas y resultados confusos.

# 12. Caso Práctico: Reportes de Ventas por Región

En este capítulo práctico, exploraremos cómo generar reportes de ventas por región utilizando SQL, una necesidad común en empresas latinoamericanas que operan en múltiples ubicaciones. Tomaremos como ejemplo una empresa de electrodomésticos con presencia en varios países de América Latina.

Comencemos con un escenario realista: Electrohogar S.A., una cadena de tiendas con presencia en Argentina, Chile, Colombia, México y Perú, necesita analizar su desempeño de ventas por región. La empresa cuenta con una base de datos que registra todas las transacciones, incluyendo información sobre productos, ventas, sucursales y clientes.

Primero, necesitamos una consulta básica para obtener las ventas totales por país:

SELECT pais, SUM(monto_venta) as ventas_totales, COUNT(*) as numero_transacciones FROM ventas JOIN sucursales ON ventas.sucursal_id = sucursales.id GROUP BY pais ORDER BY ventas_totales DESC;

Para profundizar en el análisis, podemos examinar el comportamiento de ventas por trimestre en cada país:

SELECT pais, DATEPART(QUARTER, fecha_venta) as trimestre, SUM(monto_venta) as ventas_totales FROM ventas JOIN sucursales ON ventas.sucursal_id = sucursales.id WHERE YEAR(fecha_venta) = 2023 GROUP BY pais, DATEPART(QUARTER, fecha_venta) ORDER BY pais, trimestre;

Un aspecto importante del análisis regional es entender qué categorías de productos tienen mejor desempeño en cada mercado. Esto nos permite adaptar el inventario según las preferencias locales:

SELECT p.pais, c.categoria, SUM(v.monto_venta) as ventas_totales, COUNT(*) as unidades_vendidas FROM ventas v JOIN sucursales s ON v.sucursal_id = s.id JOIN productos p ON v.producto_id = p.id JOIN categorias c ON p.categoria_id = c.id GROUP BY p.pais, c.categoria ORDER BY p.pais, ventas_totales DESC;

Para evaluar la eficiencia operativa, podemos analizar el ticket promedio por región:

SELECT s.pais, AVG(v.monto_venta) as ticket_promedio, COUNT(DISTINCT v.cliente_id) as total_clientes FROM ventas v JOIN sucursales s ON v.sucursal_id = s.id GROUP BY s.pais;

Es crucial identificar las sucursales con mejor desempeño en cada región:

SELECT s.pais, s.ciudad, s.nombre_sucursal, SUM(v.monto_venta) as ventas_totales FROM ventas v JOIN sucursales s ON v.sucursal_id = s.id GROUP BY s.pais, s.ciudad, s.nombre_sucursal ORDER BY s.pais, ventas_totales DESC;

Para analizar la estacionalidad de las ventas por región:

SELECT s.pais, MONTH(v.fecha_venta) as mes, SUM(v.monto_venta) as ventas_totales FROM ventas v JOIN sucursales s ON v.sucursal_id = s.id WHERE YEAR(v.fecha_venta) = 2023 GROUP BY s.pais, MONTH(v.fecha_venta) ORDER BY s.pais, mes;

También es importante analizar el rendimiento de los vendedores por región:

SELECT s.pais, e.nombre_empleado, COUNT(*) as total_ventas, SUM(v.monto_venta) as ventas_totales FROM ventas v JOIN sucursales s ON v.sucursal_id = s.id JOIN empleados e ON v.vendedor_id = e.id GROUP BY s.pais, e.nombre_empleado ORDER BY s.pais, ventas_totales DESC;

Para evaluar la efectividad de las promociones por región:

SELECT s.pais, p.nombre_promocion, COUNT(*) as ventas_con_promocion, SUM(v.monto_venta) as ventas_totales FROM ventas v JOIN sucursales s ON v.sucursal_id = s.id JOIN promociones p ON v.promocion_id = p.id GROUP BY s.pais, p.nombre_promocion;

El análisis de devoluciones por región es crucial para la gestión de calidad:

SELECT s.pais, COUNT(*) as total_devoluciones, SUM(d.monto_devolucion) as monto_total_devoluciones FROM devoluciones d JOIN ventas v ON d.venta_id = v.id JOIN sucursales s ON v.sucursal_id = s.id GROUP BY s.pais;

Para comprender mejor el comportamiento de los clientes por región:

SELECT s.pais, c.segmento_cliente, AVG(v.monto_venta) as compra_promedio, COUNT(DISTINCT v.cliente_id) as total_clientes FROM ventas v JOIN sucursales s ON v.sucursal_id = s.id JOIN clientes c ON v.cliente_id = c.id GROUP BY s.pais, c.segmento_cliente;

Es importante analizar los métodos de pago preferidos por región:

SELECT s.pais, v.metodo_pago, COUNT(*) as numero_transacciones, SUM(v.monto_venta) as total_ventas FROM ventas v JOIN sucursales s ON v.sucursal_id = s.id GROUP BY s.pais, v.metodo_pago ORDER BY s.pais, numero_transacciones DESC;

Para la gestión de inventario regional:

SELECT s.pais, p.nombre_producto, SUM(i.cantidad) as stock_actual FROM inventario i JOIN sucursales s ON i.sucursal_id = s.id JOIN productos p ON i.producto_id = p.id GROUP BY s.pais, p.nombre_producto HAVING SUM(i.cantidad) < 100;

Finalmente, podemos crear un reporte consolidado que combine varios aspectos clave:

SELECT s.pais, COUNT(DISTINCT v.cliente_id) as total_clientes, COUNT(*) as total_ventas, SUM(v.monto_venta) as ventas_totales, AVG(v.monto_venta) as ticket_promedio, COUNT(DISTINCT v.vendedor_id) as total_vendedores FROM ventas v JOIN sucursales s ON v.sucursal_id = s.id GROUP BY s.pais;

Estos reportes proporcionan una visión completa del desempeño regional y ayudan en la toma de decisiones estratégicas. Es importante mencionar que para grandes volúmenes de datos, estas consultas deben optimizarse mediante índices adecuados y, en algunos casos, mediante la creación de vistas materializadas para mejorar el rendimiento.

El análisis regional permite identificar oportunidades de mejora, optimizar la distribución de recursos y adaptar las estrategias comerciales según las características de cada mercado. La clave está en mantener estos reportes actualizados y utilizarlos como base para la toma de decisiones estratégicas.

# 13. HAVING: Filtrando Grupos

La cláusula HAVING en SQL es una herramienta fundamental para filtrar resultados agrupados, y en este capítulo exploraremos su uso en profundidad con ejemplos prácticos relevantes para el contexto latinoamericano.

A diferencia de WHERE, que filtra registros individuales antes de agruparlos, HAVING se aplica después de que los datos han sido agrupados. Esta distinción es crucial para entender cuándo utilizar cada una. Imaginemos una situación común en una cadena de supermercados latinoamericana que necesita analizar el comportamiento de ventas por sucursal.

Supongamos que queremos identificar las sucursales que han generado ventas totales superiores a 1 millón de pesos. La consulta sería así: SELECT sucursal_id, SUM(monto_venta) as total_ventas FROM ventas GROUP BY sucursal_id HAVING SUM(monto_venta) > 1000000. Esta consulta es particularmente útil para identificar las sucursales de alto rendimiento que requieren mayor atención o recursos.

HAVING es especialmente valioso cuando necesitamos aplicar condiciones a funciones de agregación. Por ejemplo, en un análisis de productos, podríamos querer identificar aquellos que se han vendido más de 100 veces en el último mes: SELECT producto_id, COUNT(*) as frecuencia_venta FROM ventas WHERE fecha_venta >= DATEADD(month, -1, GETDATE()) GROUP BY producto_id HAVING COUNT(*) > 100.

Un caso común en empresas latinoamericanas es el análisis de clientes frecuentes. Podemos identificar clientes que han realizado compras superiores al promedio general: SELECT cliente_id, SUM(monto_venta) as total_compras FROM ventas GROUP BY cliente_id HAVING SUM(monto_venta) > (SELECT AVG(total_compras) FROM (SELECT cliente_id,

SUM(monto_venta) as total_compras FROM ventas GROUP BY cliente_id) as promedios).

La cláusula HAVING también es útil para análisis más complejos. Por ejemplo, podemos identificar categorías de productos que tienen un margen de ganancia promedio superior al 30%: SELECT categoria_id, AVG((precio_venta - costo)/costo * 100) as margen_promedio FROM productos GROUP BY categoria_id HAVING AVG((precio_venta - costo)/costo * 100) > 30.

En el contexto de análisis regional, HAVING nos permite identificar regiones que muestran patrones específicos de comportamiento. Por ejemplo, podemos encontrar regiones donde más del 50% de las ventas se realizan con tarjeta de crédito: SELECT region, COUNT(CASE WHEN metodo_pago = 'tarjeta_credito' THEN 1 END) * 100.0 / COUNT(*) as porcentaje_tc FROM ventas GROUP BY region HAVING COUNT(CASE WHEN metodo_pago = 'tarjeta_credito' THEN 1 END) * 100.0 / COUNT(*) > 50.

Para el análisis de inventario, HAVING es invaluable. Podemos identificar productos que tienen una rotación inferior al promedio en múltiples sucursales: SELECT producto_id, COUNT(DISTINCT sucursal_id) as sucursales_problema FROM inventario WHERE dias_sin_movimiento > 30 GROUP BY producto_id HAVING COUNT(DISTINCT sucursal_id) > 3.

En el contexto de recursos humanos, HAVING nos permite identificar vendedores que consistentemente superan sus metas: SELECT vendedor_id, COUNT(*) as meses_meta_cumplida FROM ventas_mensuales WHERE ventas_realizadas >= meta_mensual GROUP BY vendedor_id HAVING COUNT(*) >= 6.

También es útil para análisis de fidelización de clientes. Podemos identificar segmentos de clientes que muestran patrones de compra específicos: SELECT segmento_cliente, AVG(frecuencia_compra) as promedio_frecuencia FROM clientes GROUP BY segmento_cliente HAVING AVG(frecuencia_compra) > 2 AND COUNT(*) > 100.

Un aspecto importante a considerar es la optimización de consultas que utilizan HAVING. Dado que HAVING se aplica después de agrupar los datos, es importante asegurarse de que las condiciones que podrían aplicarse con WHERE se apliquen antes del agrupamiento para mejorar el rendimiento.

Podemos combinar HAVING con otras cláusulas para análisis más sofisticados. Por ejemplo, para encontrar productos que tienen alta variabilidad de precios entre sucursales: SELECT producto_id, MAX(precio_venta) - MIN(precio_venta) as variacion_precio FROM precios GROUP BY producto_id HAVING (MAX(precio_venta) - MIN(precio_venta)) / AVG(precio_venta) > 0.2.

En el análisis de promociones, HAVING nos ayuda a identificar aquellas que realmente impactan las ventas: SELECT promocion_id, AVG(ventas_con_promocion) / AVG(ventas_sin_promocion) as efectividad FROM estadisticas_promociones GROUP BY promocion_id HAVING AVG(ventas_con_promocion) / AVG(ventas_sin_promocion) > 1.5.

Es importante recordar que HAVING puede utilizar cualquier función de agregación disponible en SQL, lo que lo hace extremadamente versátil para análisis estadísticos. Podemos usarlo para identificar patrones atípicos, como sucursales con una desviación estándar significativa en sus ventas: SELECT sucursal_id, STDEV(monto_venta) as desviacion FROM ventas GROUP BY sucursal_id HAVING STDEV(monto_venta) > (SELECT AVG(STDEV(monto_venta)) * 2 FROM ventas GROUP BY sucursal_id).

La cláusula HAVING es una herramienta poderosa que, cuando se utiliza correctamente, puede proporcionar insights valiosos para la toma de decisiones empresariales. Su capacidad para filtrar grupos basados en condiciones agregadas la hace indispensable en el análisis de datos empresariales en América Latina.

# 14. Trabajando con Fechas en SQL

El manejo eficiente de fechas en SQL es una habilidad crucial para cualquier profesional que trabaje con bases de datos, especialmente en el contexto empresarial latinoamericano donde los formatos y zonas horarias pueden presentar desafíos únicos.

En América Latina, el formato de fecha más común es DD/MM/YYYY, diferente al estándar estadounidense MM/DD/YYYY. Esta diferencia puede causar confusiones al trabajar con sistemas internacionales. SQL maneja las fechas en el formato YYYY-MM-DD, lo que nos obliga a realizar conversiones frecuentes. Por ejemplo, para insertar una fecha en una tabla de ventas: INSERT INTO ventas (fecha_venta) VALUES ('2024-02-15').

Las funciones de fecha más utilizadas en nuestro contexto incluyen GETDATE() o CURRENT_TIMESTAMP, que nos devuelven la fecha y hora actual del servidor. Esto es particularmente útil para registrar transacciones en tiempo real: SELECT * FROM ventas WHERE fecha_venta = CAST(GETDATE() AS DATE).

Para extraer componentes específicos de una fecha, utilizamos funciones como YEAR(), MONTH() y DAY(). En un análisis de ventas típico de una empresa latina, podríamos querer ver el comportamiento mensual: SELECT MONTH(fecha_venta) as mes, SUM(monto) as total_ventas FROM ventas WHERE YEAR(fecha_venta) = 2023 GROUP BY MONTH(fecha_venta) ORDER BY mes.

El cálculo de diferencias entre fechas es fundamental para análisis de antigüedad de inventario o seguimiento de pagos. La función DATEDIFF nos permite calcular la diferencia en diversos intervalos (días, meses, años): SELECT cliente_id, DATEDIFF(day, fecha_ultima_compra, GETDATE()) as dias_sin_compra FROM clientes WHERE DATEDIFF(day, fecha_ultima_compra, GETDATE()) > 30.

Las fechas fiscales son particularmente importantes en el contexto latinoamericano, donde los años fiscales pueden variar por país. Podemos crear funciones personalizadas para manejar estos casos: SELECT *, CASE WHEN MONTH(fecha_transaccion) >= 4 THEN YEAR(fecha_transaccion) ELSE YEAR(fecha_transaccion) - 1 END as año_fiscal FROM transacciones.

El manejo de zonas horarias es crucial cuando trabajamos con sistemas distribuidos o empresas multinacionales. SQL Server utiliza SWITCHOFFSET para convertir entre zonas horarias: SELECT SWITCHOFFSET(fecha_registro, '-03:00') as hora_buenos_aires FROM registros_sistema.

Para análisis de tendencias temporales, frecuentemente necesitamos agrupar datos por períodos específicos. La función DATEADD nos permite manipular fechas fácilmente: SELECT DATEADD(month, -3, GETDATE()) as tres_meses_atras. Esto es útil para reportes trimestrales o análisis de temporadas.

Los períodos laborales son otro aspecto importante. En muchas empresas latinoamericanas, necesitamos calcular días hábiles excluyendo fines de semana y feriados. Podemos crear funciones personalizadas para esto: CREATE FUNCTION dbo.DiasHabiles(@FechaInicio DATE, @FechaFin DATE) RETURNS INT.

Las fechas de vencimiento son cruciales en la gestión de inventarios y cuentas por cobrar. Podemos crear alertas para productos próximos a vencer: SELECT producto_id, fecha_vencimiento FROM inventario WHERE DATEDIFF(day, GETDATE(), fecha_vencimiento) <= 30.

El formato de presentación de fechas es importante para la generación de reportes. La función FORMAT nos permite personalizar la presentación: SELECT FORMAT(fecha_venta, 'dd/MM/yyyy') as fecha_formateada FROM ventas. Esto es especialmente útil cuando necesitamos presentar información en formatos locales.

Los períodos de facturación requieren cálculos precisos de fechas. Por ejemplo, para generar facturas mensuales: SELECT cliente_id, DATEADD(month, 1, fecha_ultima_factura) as proxima_factura FROM clientes WHERE DATEADD(month, 1, fecha_ultima_factura) <= GETDATE().

El análisis de estacionalidad en ventas requiere comparaciones año contra año. Podemos usar fechas para identificar patrones: SELECT MONTH(fecha_venta) as mes, YEAR(fecha_venta) as año, SUM(monto) as ventas FROM ventas GROUP BY MONTH(fecha_venta), YEAR(fecha_venta).

Las promociones y eventos especiales frecuentemente tienen fechas específicas. Podemos usar funciones de fecha para gestionar estas campañas: SELECT * FROM promociones WHERE GETDATE() BETWEEN fecha_inicio AND fecha_fin.

El seguimiento de garantías y servicios post-venta también depende del manejo correcto de fechas: SELECT producto_id, fecha_venta, DATEADD(year, periodo_garantia, fecha_venta) as fecha_fin_garantia FROM ventas.

Las fechas son fundamentales en el análisis de rendimiento de empleados y cálculo de antigüedad: SELECT empleado_id, DATEDIFF(year, fecha_ingreso, GETDATE()) as años_antiguedad FROM empleados.

El manejo eficiente de fechas en SQL es esencial para la automatización de procesos empresariales y la generación de reportes precisos. La capacidad de manipular y analizar datos temporales nos permite tomar decisiones informadas basadas en tendencias históricas y proyecciones futuras.

Finalmente, es importante considerar las implicaciones de rendimiento al trabajar con fechas. Indexar columnas de fecha correctamente y utilizar los tipos de datos apropiados puede mejorar significativamente el rendimiento de nuestras consultas. El tipo DATE es más eficiente que DATETIME cuando solo necesitamos la fecha sin el componente de tiempo.

# 15. Caso Práctico: Análisis de Tendencias Temporales

En este capítulo práctico, aplicaremos los conceptos de manejo de fechas en SQL a través de un análisis completo de tendencias temporales, utilizando un caso real de una cadena de tiendas deportivas en América Latina.

Imaginemos que trabajamos para "Deportes Unidos", una cadena con presencia en varios países de la región. La empresa necesita analizar sus patrones de venta para optimizar su inventario y estrategias de marketing. Comenzaremos creando una consulta base que nos permita visualizar las ventas mensuales durante los últimos tres años:

SELECT YEAR(fecha_venta) as año, MONTH(fecha_venta) as mes, SUM(monto_venta) as total_ventas, COUNT(*) as numero_transacciones FROM ventas WHERE fecha_venta >= DATEADD(year, -3, GETDATE()) GROUP BY YEAR(fecha_venta), MONTH(fecha_venta) ORDER BY año, mes;

Esta consulta nos revela patrones estacionales importantes. Por ejemplo, notamos picos de venta en diciembre por las fiestas navideñas y en julio por las vacaciones de invierno. Para profundizar en este análisis, necesitamos comparar el crecimiento año contra año:

SELECT a.mes, a.ventas_actual, b.ventas_anterior, ((a.ventas_actual - b.ventas_anterior) / b.ventas_anterior * 100) as porcentaje_crecimiento FROM (SELECT MONTH(fecha_venta) as mes, SUM(monto_venta) as ventas_actual FROM ventas WHERE YEAR(fecha_venta) = 2023 GROUP BY MONTH(fecha_venta)) a LEFT JOIN (SELECT MONTH(fecha_venta) as mes, SUM(monto_venta) as ventas_anterior FROM ventas WHERE YEAR(fecha_venta) = 2022 GROUP BY MONTH(fecha_venta)) b ON a.mes = b.mes ORDER BY a.mes;

Un aspecto crucial en el análisis de tendencias es identificar los productos que están ganando o perdiendo popularidad. Creamos una consulta que analiza la velocidad de rotación de inventario por temporada:

SELECT p.categoria_producto, DATEPART(quarter, v.fecha_venta) as trimestre, SUM(v.cantidad) as unidades_vendidas, AVG(DATEDIFF(day, i.fecha_ingreso, v.fecha_venta)) as dias_promedio_en_inventario FROM ventas v JOIN productos p ON v.producto_id = p.id JOIN inventario i ON v.producto_id = i.producto_id WHERE YEAR(v.fecha_venta) = 2023 GROUP BY p.categoria_producto, DATEPART(quarter, v.fecha_venta) ORDER BY p.categoria_producto, trimestre;

Para analizar el comportamiento de compra de los clientes a lo largo del tiempo, implementamos un análisis de frecuencia de compra:

SELECT c.segmento_cliente, AVG(DATEDIFF(day, v1.fecha_venta, v2.fecha_venta)) as promedio_dias_entre_compras FROM ventas v1 JOIN ventas v2 ON v1.cliente_id = v2.cliente_id AND v1.fecha_venta < v2.fecha_venta JOIN clientes c ON v1.cliente_id = c.id GROUP BY c.segmento_cliente;

Las promociones tienen un impacto significativo en las ventas. Analizamos su efectividad comparando períodos con y sin promociones:

SELECT p.nombre_promocion, AVG(CASE WHEN v.fecha_venta BETWEEN p.fecha_inicio AND p.fecha_fin THEN v.monto_venta ELSE 0 END) as venta_promedio_con_promo, AVG(CASE WHEN v.fecha_venta NOT BETWEEN p.fecha_inicio AND p.fecha_fin THEN v.monto_venta ELSE 0 END) as venta_promedio_sin_promo FROM promociones p CROSS JOIN ventas v GROUP BY p.nombre_promocion;

El análisis de tendencias también debe considerar factores externos como eventos deportivos importantes:

SELECT e.nombre_evento, COUNT(v.id) as total_ventas, SUM(v.monto_venta) as monto_total FROM eventos_deportivos e LEFT JOIN ventas v ON v.fecha_venta BETWEEN e.fecha_inicio AND DATEADD(day, 7, e.fecha_fin) GROUP BY e.nombre_evento ORDER BY monto_total DESC;

Para optimizar el inventario, necesitamos predecir la demanda futura. Creamos un análisis de tendencias mensuales que nos ayude a proyectar las necesidades de inventario:

WITH VentasHistoricas AS (SELECT YEAR(fecha_venta) as año, MONTH(fecha_venta) as mes, SUM(cantidad) as unidades_vendidas FROM ventas GROUP BY YEAR(fecha_venta), MONTH(fecha_venta)) SELECT mes, AVG(unidades_vendidas) as promedio_mensual, MAX(unidades_vendidas) as maximo_mensual, MIN(unidades_vendidas) as minimo_mensual FROM VentasHistoricas GROUP BY mes ORDER BY mes;

El análisis de tendencias temporales también debe incluir métricas de servicio al cliente. Analizamos los tiempos de respuesta a reclamaciones:

SELECT DATEPART(hour, fecha_reclamo) as hora_del_dia, AVG(DATEDIFF(minute, fecha_reclamo, fecha_respuesta)) as tiempo_promedio_respuesta FROM reclamos WHERE YEAR(fecha_reclamo) = 2023 GROUP BY DATEPART(hour, fecha_reclamo) ORDER BY hora_del_dia;

Para mejorar la experiencia del cliente, analizamos los patrones de abandono de carrito en nuestra tienda en línea:

SELECT DATEPART(hour, fecha_abandono) as hora, COUNT(*) as cantidad_abandonos, AVG(monto_carrito) as monto_promedio FROM carritos_abandonados WHERE fecha_abandono >= DATEADD(month, -3, GETDATE()) GROUP BY DATEPART(hour, fecha_abandono) ORDER BY cantidad_abandonos DESC;

Finalmente, creamos un dashboard dinámico que se actualiza diariamente para seguimiento de KPIs temporales:

CREATE VIEW vw_dashboard_tendencias AS SELECT CONVERT(date, fecha_venta) as fecha, SUM(monto_venta) as venta_diaria, COUNT(DISTINCT cliente_id) as clientes_unicos, SUM(monto_venta)/COUNT(DISTINCT cliente_id) as ticket_promedio FROM ventas WHERE fecha_venta >= DATEADD(year, -1, GETDATE()) GROUP BY CONVERT(date, fecha_venta);

Este análisis completo de tendencias temporales nos permite tomar decisiones informadas sobre inventario, marketing y servicio al cliente. Las consultas presentadas son solo el punto de partida; cada empresa puede adaptarlas según sus necesidades específicas y añadir más dimensiones de análisis según requiera.

# 16. JOINS: Combinando Tablas

Los JOINS son una de las herramientas más poderosas en SQL, permitiéndonos combinar datos de múltiples tablas para obtener información más completa y significativa. En el contexto latinoamericano, donde muchas empresas manejan datos distribuidos en diferentes sistemas, dominar los JOINS es fundamental para realizar análisis efectivos.

Imaginemos una empresa de comercio electrónico llamada "TechnoLatam" que necesita combinar información de diferentes tablas para generar reportes completos. La empresa tiene varias tablas principales: clientes, pedidos, productos y categorias. Para obtener una vista completa de las operaciones, necesitamos aprender a combinar estas tablas de manera eficiente.

La sintaxis básica de un JOIN es relativamente simple:

SELECT columnas FROM tabla1 JOIN tabla2 ON tabla1.columna = tabla2.columna

Sin embargo, lo verdaderamente importante es entender cuándo y cómo utilizar cada tipo de JOIN. Existen cuatro tipos principales: INNER JOIN, LEFT JOIN, RIGHT JOIN y FULL JOIN. En este capítulo nos centraremos en comprender el concepto general y en los próximos profundizaremos en cada tipo específico.

Comencemos con un ejemplo práctico. Supongamos que necesitamos obtener información detallada de los pedidos incluyendo datos del cliente:

SELECT p.pedido_id, p.fecha_pedido, c.nombre_cliente, c.email FROM pedidos p JOIN clientes c ON p.cliente_id = c.cliente_id;

En este caso, estamos combinando la tabla de pedidos con la tabla de clientes utilizando el campo cliente_id como punto de conexión. Esta es la forma más básica de JOIN, pero nos permite ver cómo las tablas se relacionan entre sí.

Los JOINS son especialmente útiles cuando necesitamos información de múltiples tablas. Por ejemplo, para crear un reporte completo de ventas:

SELECT p.pedido_id, c.nombre_cliente, pr.nombre_producto, cat.nombre_categoria, p.cantidad, p.precio_unitario, (p.cantidad * p.precio_unitario) as total FROM pedidos p JOIN clientes c ON p.cliente_id = c.cliente_id JOIN productos pr ON p.producto_id = pr.producto_id JOIN categorias cat ON pr.categoria_id = cat.categoria_id;

Esta consulta combina información de cuatro tablas diferentes para crear un reporte detallado que incluye información del cliente, producto, categoría y detalles del pedido. Es común en empresas latinoamericanas necesitar este tipo de reportes para presentar a gerencia o para análisis de ventas.

Un error común al trabajar con JOINS es no considerar la cardinalidad de las relaciones. Por ejemplo, si tenemos una tabla de facturas y una tabla de pagos, donde una factura puede tener múltiples pagos parciales, necesitamos ser cuidadosos al realizar los JOINS para no duplicar información:

SELECT f.factura_id, f.monto_total, COUNT(p.pago_id) as numero_pagos, SUM(p.monto_pago) as total_pagado FROM facturas f LEFT JOIN pagos p ON f.factura_id = p.factura_id GROUP BY f.factura_id, f.monto_total;

Los JOINS también son fundamentales para realizar análisis de inventario. Por ejemplo, para verificar qué productos necesitan reabastecimiento:

SELECT p.producto_id, p.nombre_producto, p.stock_actual, pr.ultimo_precio_compra, pr.tiempo_reposicion FROM productos p JOIN proveedores_productos pr ON p.producto_id = pr.producto_id WHERE p.stock_actual < p.stock_minimo;

Es importante mencionar que los JOINS pueden afectar significativamente el rendimiento de nuestras consultas, especialmente cuando trabajamos con tablas grandes. Por ejemplo, en una consulta que involucra ventas históricas:

SELECT v.fecha_venta, p.nombre_producto, c.region, SUM(v.cantidad * v.precio_unitario) as total_ventas FROM ventas v JOIN productos p ON v.producto_id = p.producto_id JOIN clientes c ON v.cliente_id = c.cliente_id WHERE v.fecha_venta >= DATEADD(year, -1, GETDATE()) GROUP BY v.fecha_venta, p.nombre_producto, c.region;

Para optimizar consultas con JOINS, es fundamental asegurarnos de que las columnas utilizadas en las condiciones de JOIN estén correctamente indexadas y que solo incluyamos las tablas necesarias para obtener la información requerida.

También es común necesitar JOINS para realizar análisis de comportamiento de clientes. Por ejemplo, para identificar clientes que han comprado productos específicos:

SELECT DISTINCT c.cliente_id, c.nombre_cliente, c.email FROM clientes c JOIN pedidos p ON c.cliente_id = p.cliente_id JOIN productos pr ON p.producto_id = pr.producto_id WHERE pr.categoria_id = 5 AND p.fecha_pedido >= DATEADD(month, -6, GETDATE());

Los JOINS son especialmente útiles cuando necesitamos crear reportes de seguimiento de métricas clave (KPIs). Por ejemplo, para analizar el desempeño de ventas por región y categoría:

SELECT r.nombre_region, cat.nombre_categoria, COUNT(p.pedido_id) as total_pedidos, SUM(p.monto_total) as ventas_totales FROM regiones r JOIN clientes c ON r.region_id = c.region_id JOIN pedidos p ON c.cliente_id = p.cliente_id JOIN productos pr ON p.producto_id = pr.producto_id JOIN categorias cat ON pr.categoria_id = cat.categoria_id GROUP BY r.nombre_region, cat.nombre_categoria;

Es importante mencionar que al trabajar con JOINS, debemos ser conscientes de la calidad de nuestros datos. En América Latina, es común encontrar sistemas heredados o datos inconsistentes. Por ello, es recomendable realizar validaciones adicionales:

SELECT c.cliente_id, c.nombre_cliente, COUNT(p.pedido_id) as total_pedidos, COALESCE(SUM(p.monto_total), 0) as total_compras FROM clientes c LEFT JOIN pedidos p ON c.cliente_id = p.cliente_id GROUP BY c.cliente_id, c.nombre_cliente HAVING COUNT(p.pedido_id) = 0;

Esta consulta nos ayuda a identificar clientes que nunca han realizado pedidos, lo cual podría indicar problemas en el proceso de registro o oportunidades de activación de clientes inactivos.

Los JOINS son una herramienta fundamental en el análisis de datos empresariales, permitiéndonos obtener insights valiosos al combinar información de diferentes fuentes. La clave está en entender las relaciones entre nuestras tablas y elegir el tipo de JOIN adecuado para cada situación.

# 17. INNER JOIN en Profundidad

El INNER JOIN es posiblemente el tipo de JOIN más utilizado en SQL y merece un análisis detallado para comprender su funcionamiento y aplicaciones prácticas. En el contexto de empresas latinoamericanas, donde la integración de datos es crucial para la toma de decisiones, dominar el INNER JOIN es fundamental.

El INNER JOIN funciona como una intersección entre dos tablas, devolviendo únicamente los registros que tienen coincidencias en ambas tablas. Pensemos en una empresa de distribución de alimentos llamada "Distribuidora Del Sur" que necesita analizar sus ventas y inventario.

La sintaxis básica del INNER JOIN es:

SELECT columnas FROM tabla1 INNER JOIN tabla2 ON tabla1.columna = tabla2.columna

Aunque parece simple, el poder del INNER JOIN radica en su capacidad para filtrar datos precisos. Por ejemplo, si queremos ver todas las ventas con sus respectivos productos:

SELECT v.venta_id, v.fecha_venta, p.nombre_producto, v.cantidad, v.precio_unitario FROM ventas v INNER JOIN productos p ON v.producto_id = p.producto_id;

Una característica importante del INNER JOIN es que excluye automáticamente los registros que no tienen coincidencia. Por ejemplo, si tenemos productos que nunca se han vendido o ventas con productos descontinuados (donde el producto_id ya no existe), estos registros no aparecerán en los resultados.

En situaciones reales, frecuentemente necesitamos combinar más de dos tablas. Por ejemplo, para un reporte completo de ventas por categoría y región:

SELECT v.venta_id, c.nombre_categoria, r.nombre_region, p.nombre_producto, v.cantidad, v.precio_unitario, (v.cantidad * v.precio_unitario) as total FROM ventas v INNER JOIN productos p ON v.producto_id = p.producto_id INNER JOIN categorias c ON p.categoria_id = c.categoria_id INNER JOIN regiones r ON v.region_id = r.region_id;

El INNER JOIN es especialmente útil cuando necesitamos garantizar la integridad de los datos en nuestros reportes. Por ejemplo, en un sistema de gestión de inventario:

SELECT p.producto_id, p.nombre_producto, i.cantidad_actual, m.fecha_movimiento, m.tipo_movimiento FROM productos p INNER JOIN inventario i ON p.producto_id = i.producto_id INNER JOIN movimientos m ON i.inventario_id = m.inventario_id WHERE m.fecha_movimiento >= DATEADD(month, -1, GETDATE());

Una aplicación común del INNER JOIN en empresas latinoamericanas es el análisis de la efectividad de campañas de marketing. Por ejemplo:

SELECT c.campana_nombre, p.nombre_producto, COUNT(v.venta_id) as total_ventas, SUM(v.cantidad * v.precio_unitario) as ingresos_totales FROM campanas_marketing c INNER JOIN productos_campana pc ON c.campana_id = pc.campana_id INNER JOIN productos p ON pc.producto_id = p.producto_id INNER JOIN ventas v ON p.producto_id = v.producto_id WHERE v.fecha_venta BETWEEN c.fecha_inicio AND c.fecha_fin GROUP BY c.campana_nombre, p.nombre_producto;

El INNER JOIN también es fundamental para el análisis de rentabilidad por cliente. Por ejemplo:

SELECT c.cliente_id, c.nombre_cliente, COUNT(v.venta_id) as total_compras, SUM(v.monto_total) as valor_total, AVG(v.monto_total) as ticket_promedio FROM clientes c INNER JOIN ventas v ON c.cliente_id = v.cliente_id INNER JOIN metodos_pago mp ON v.metodo_pago_id = mp.metodo_pago_id WHERE v.fecha_venta >= DATEADD(year, -1, GETDATE())

GROUP      BY      c.cliente_id,      c.nombre_cliente      HAVING
COUNT(v.venta_id) > 5;

Un aspecto importante a considerar cuando trabajamos con
INNER JOIN es el rendimiento. Cuando las tablas son grandes, es
crucial tener índices adecuados en las columnas utilizadas para la unión.
Por ejemplo:

CREATE INDEX idx_producto_id ON ventas(producto_id);

CREATE INDEX idx_categoria_id ON productos(categoria_id);

El INNER JOIN también es valioso para el control de calidad
de datos. Por ejemplo, para verificar la consistencia entre pedidos y
entregas:

SELECT      p.pedido_id,      p.fecha_pedido,      e.fecha_entrega,
DATEDIFF(day, p.fecha_pedido, e.fecha_entrega) as dias_entrega
FROM pedidos p INNER JOIN entregas e ON p.pedido_id =
e.pedido_id  WHERE  e.fecha_entrega  >  DATEADD(day,  7,
p.fecha_pedido);

En el contexto de gestión de inventarios, el INNER JOIN nos
permite realizar seguimiento de productos específicos:

SELECT          p.producto_id,          p.nombre_producto,
m.fecha_movimiento,        m.tipo_movimiento,        m.cantidad,
u.nombre_ubicacion  FROM  productos  p  INNER  JOIN
movimientos_inventario m  ON  p.producto_id  =  m.producto_id
INNER JOIN ubicaciones u ON m.ubicacion_id = u.ubicacion_id
WHERE p.categoria_id IN (SELECT categoria_id FROM categorias
WHERE requiere_refrigeracion = 1);

Para análisis financieros, el INNER JOIN es esencial en la
reconciliación de pagos y facturas:

SELECT      f.factura_id,      f.fecha_emision,      p.fecha_pago,
f.monto_total, p.monto_pagado, (f.monto_total - p.monto_pagado)
as diferencia FROM facturas f INNER JOIN pagos p ON f.factura_id
= p.factura_id WHERE f.estado = 'Pagada' AND ABS(f.monto_total
- p.monto_pagado) > 0.01;

El INNER JOIN también es útil para el análisis de comportamiento de compra:

SELECT c.cliente_id, c.nombre_cliente, cat.nombre_categoria, COUNT(v.venta_id) as frecuencia_compra FROM clientes c INNER JOIN ventas v ON c.cliente_id = v.cliente_id INNER JOIN productos p ON v.producto_id = p.producto_id INNER JOIN categorias cat ON p.categoria_id = cat.categoria_id GROUP BY c.cliente_id, c.nombre_cliente, cat.nombre_categoria HAVING COUNT(v.venta_id) > 10;

La comprensión profunda del INNER JOIN y su aplicación correcta es fundamental para cualquier profesional que trabaje con bases de datos en América Latina. Su capacidad para combinar datos de manera precisa y eficiente lo convierte en una herramienta indispensable para el análisis de datos empresariales.

# 18. LEFT JOIN y RIGHT JOIN

Los LEFT JOIN y RIGHT JOIN son extensiones fundamentales del lenguaje SQL que nos permiten realizar consultas más flexibles cuando necesitamos incluir registros que no tienen correspondencia en una de las tablas. En el contexto latinoamericano, donde muchas empresas manejan datos incompletos o en proceso de actualización, estos tipos de JOIN son particularmente útiles.

El LEFT JOIN mantiene todos los registros de la tabla izquierda (la primera tabla mencionada en la consulta) y los combina con los registros coincidentes de la tabla derecha. Si no hay coincidencia, los campos de la tabla derecha se llenan con NULL. Esto es especialmente útil cuando necesitamos ver todos los clientes, incluso aquellos que nunca han realizado una compra.

Por ejemplo, en una tienda de electrodomésticos llamada "Electrohogar", podríamos querer ver todos los clientes y sus compras del último mes:

SELECT c.cliente_id, c.nombre, c.apellido, v.fecha_venta, v.monto_total FROM clientes c LEFT JOIN ventas v ON c.cliente_id = v.cliente_id AND v.fecha_venta >= DATEADD(month, -1, GETDATE());

El RIGHT JOIN funciona de manera similar pero en dirección opuesta, manteniendo todos los registros de la tabla derecha. En la práctica, el RIGHT JOIN se usa con menos frecuencia, ya que cualquier RIGHT JOIN puede reescribirse como un LEFT JOIN cambiando el orden de las tablas. Sin embargo, hay situaciones donde puede resultar más intuitivo usar RIGHT JOIN.

Un caso común en empresas latinoamericanas es el análisis de productos y sus ventas, incluyendo productos que aún no se han vendido:

SELECT p.codigo_producto, p.nombre_producto, p.precio_lista, COALESCE(SUM(v.cantidad), 0) as unidades_vendidas FROM ventas v RIGHT JOIN productos p ON v.producto_id = p.producto_id GROUP BY p.codigo_producto, p.nombre_producto, p.precio_lista;

Estos tipos de JOIN son especialmente valiosos en situaciones de control de calidad de datos. Por ejemplo, para identificar empleados sin asignación de turno:

SELECT e.empleado_id, e.nombre, e.apellido, t.turno_id, t.horario FROM empleados e LEFT JOIN turnos t ON e.empleado_id = t.empleado_id WHERE t.turno_id IS NULL;

En el contexto de gestión de inventario, podemos usar LEFT JOIN para identificar productos sin movimientos recientes:

SELECT p.producto_id, p.nombre_producto, p.stock_actual, m.ultimo_movimiento FROM productos p LEFT JOIN (SELECT producto_id, MAX(fecha_movimiento) as ultimo_movimiento FROM movimientos_inventario GROUP BY producto_id) m ON p.producto_id = m.producto_id WHERE m.ultimo_movimiento IS NULL OR m.ultimo_movimiento < DATEADD(month, -3, GETDATE());

Para el seguimiento de metas de ventas, estos JOIN son fundamentales. Por ejemplo, para comparar objetivos con resultados reales:

SELECT v.vendedor_id, v.nombre_vendedor, o.meta_mensual, COALESCE(SUM(vt.monto_total), 0) as ventas_reales, (COALESCE(SUM(vt.monto_total), 0) / o.meta_mensual * 100) as porcentaje_cumplimiento FROM vendedores v LEFT JOIN objetivos_ventas o ON v.vendedor_id = o.vendedor_id LEFT JOIN ventas vt ON v.vendedor_id = vt.vendedor_id AND MONTH(vt.fecha_venta) = MONTH(GETDATE()) GROUP BY v.vendedor_id, v.nombre_vendedor, o.meta_mensual;

En el análisis de campañas de marketing, los LEFT JOIN nos permiten evaluar la efectividad de todas las campañas:

SELECT c.campana_id, c.nombre_campana, c.presupuesto, COALESCE(COUNT(v.venta_id), 0) as conversiones, COALESCE(SUM(v.monto_total), 0) as ingresos FROM campanas c LEFT JOIN ventas_campana v ON c.campana_id = v.campana_id WHERE c.fecha_inicio >= DATEADD(month, -6, GETDATE()) GROUP BY c.campana_id, c.nombre_campana, c.presupuesto;

Para la gestión de cobros, estos JOIN son esenciales en la identificación de facturas pendientes:

SELECT f.factura_id, f.fecha_emision, f.monto_total, COALESCE(SUM(p.monto), 0) as total_pagado, (f.monto_total - COALESCE(SUM(p.monto), 0)) as saldo_pendiente FROM facturas f LEFT JOIN pagos p ON f.factura_id = p.factura_id GROUP BY f.factura_id, f.fecha_emision, f.monto_total HAVING (f.monto_total - COALESCE(SUM(p.monto), 0)) > 0;

En el seguimiento de servicios al cliente, podemos usar estos JOIN para identificar clientes sin interacciones recientes:

SELECT c.cliente_id, c.nombre_cliente, c.fecha_registro, MAX(i.fecha_interaccion) as ultima_interaccion, DATEDIFF(day, MAX(i.fecha_interaccion), GETDATE()) as dias_sin_contacto FROM clientes c LEFT JOIN interacciones i ON c.cliente_id = i.cliente_id GROUP BY c.cliente_id, c.nombre_cliente, c.fecha_registro HAVING MAX(i.fecha_interaccion) IS NULL OR DATEDIFF(day, MAX(i.fecha_interaccion), GETDATE()) > 90;

Es importante mencionar que estos tipos de JOIN pueden impactar el rendimiento de las consultas, especialmente en tablas grandes. Por ello, es crucial mantener índices apropiados y considerar la optimización de las consultas cuando sea necesario.

Los LEFT JOIN y RIGHT JOIN son herramientas fundamentales para cualquier profesional que trabaje con bases de datos en América Latina, permitiendo análisis más completos y ayudando a identificar áreas de mejora en los procesos empresariales.

# 19. Caso Práctico: Sistema de Inventario

En el mundo empresarial latinoamericano, la gestión eficiente del inventario es crucial para el éxito de cualquier negocio. En este capítulo práctico, implementaremos un sistema de inventario completo utilizando SQL, abordando los desafíos específicos que enfrentan las empresas de nuestra región.

Comenzaremos creando la estructura básica de nuestro sistema. Necesitaremos varias tablas interrelacionadas para manejar productos, movimientos de inventario, proveedores y ubicaciones de almacenamiento. Veamos primero la implementación de las consultas más comunes en el día a día de una empresa distribuidora de productos alimenticios llamada "Distribuidora del Sur".

Para el control diario de inventario, necesitamos una consulta que nos muestre el estado actual de todos los productos, incluyendo aquellos que están por debajo del punto de reorden:

```sql
SELECT p.codigo_producto, p.descripcion, p.stock_actual, p.punto_reorden, p.stock_maximo, pr.nombre as proveedor, (p.stock_maximo - p.stock_actual) as cantidad_a_pedir FROM productos p LEFT JOIN proveedores pr ON p.proveedor_principal_id = pr.proveedor_id WHERE p.stock_actual <= p.punto_reorden ORDER BY (p.stock_actual/p.punto_reorden);
```

Esta consulta es particularmente útil en nuestro contexto latinoamericano, donde los tiempos de reposición pueden ser variables y es crucial mantener un nivel óptimo de inventario para evitar pérdidas de ventas.

Para el seguimiento de la rotación de inventario, implementamos una consulta que analiza los movimientos de los últimos tres meses:

```sql
SELECT p.codigo_producto, p.descripcion, COUNT(m.movimiento_id) as total_movimientos, SUM(CASE WHEN m.tipo_movimiento = 'SALIDA' THEN m.cantidad ELSE 0 END) as total_salidas, ROUND(AVG(CASE WHEN
```

m.tipo_movimiento = 'SALIDA' THEN m.cantidad ELSE NULL END), 2) as promedio_salida_diaria FROM productos p LEFT JOIN movimientos_inventario m ON p.producto_id = m.producto_id WHERE m.fecha_movimiento >= DATEADD(month, -3, GETDATE()) GROUP BY p.codigo_producto, p.descripcion ORDER BY total_movimientos DESC;

El control de vencimientos es especialmente importante en nuestra región, donde las condiciones climáticas pueden afectar la vida útil de los productos. Implementamos una alerta de productos próximos a vencer:

SELECT p.codigo_producto, p.descripcion, l.numero_lote, l.fecha_vencimiento, l.cantidad_actual, DATEDIFF(day, GETDATE(), l.fecha_vencimiento) as dias_hasta_vencimiento FROM productos p INNER JOIN lotes l ON p.producto_id = l.producto_id WHERE l.fecha_vencimiento <= DATEADD(month, 3, GETDATE()) AND l.cantidad_actual > 0 ORDER BY l.fecha_vencimiento;

Para la gestión de almacenes múltiples, común en empresas con presencia regional, desarrollamos una vista consolidada:

CREATE VIEW vw_inventario_consolidado AS SELECT p.codigo_producto, p.descripcion, a.nombre_almacen, SUM(sa.cantidad_actual) as stock_disponible, COUNT(DISTINCT l.numero_lote) as cantidad_lotes FROM productos p INNER JOIN stock_almacen sa ON p.producto_id = sa.producto_id INNER JOIN almacenes a ON sa.almacen_id = a.almacen_id LEFT JOIN lotes l ON sa.lote_id = l.lote_id GROUP BY p.codigo_producto, p.descripcion, a.nombre_almacen;

El análisis de costos de inventario es fundamental para la rentabilidad del negocio. Implementamos una consulta que calcula el valor del inventario actual:

SELECT p.categoria, SUM(p.stock_actual * p.costo_promedio) as valor_inventario, COUNT(DISTINCT p.producto_id) as cantidad_productos, ROUND(AVG(p.stock_actual * p.costo_promedio), 2) as valor_promedio_por_producto FROM productos p GROUP BY p.categoria WITH ROLLUP;

Para el control de mermas y pérdidas, desarrollamos un sistema de seguimiento:

SELECT p.codigo_producto, p.descripcion, m.fecha_registro, m.cantidad, m.motivo, u.nombre as registrado_por, ROUND((m.cantidad * p.costo_promedio), 2) as valor_perdida FROM mermas m INNER JOIN productos p ON m.producto_id = p.producto_id INNER JOIN usuarios u ON m.usuario_registro = u.usuario_id WHERE m.fecha_registro >= DATEADD(month, -1, GETDATE());

La gestión de transferencias entre almacenes requiere un seguimiento especial:

SELECT t.transferencia_id, t.fecha_solicitud, a1.nombre_almacen as origen, a2.nombre_almacen as destino, p.codigo_producto, p.descripcion, t.cantidad, t.estado, DATEDIFF(hour, t.fecha_solicitud, COALESCE(t.fecha_recepcion, GETDATE())) as horas_proceso FROM transferencias t INNER JOIN almacenes a1 ON t.almacen_origen = a1.almacen_id INNER JOIN almacenes a2 ON t.almacen_destino = a2.almacen_id INNER JOIN productos p ON t.producto_id = p.producto_id WHERE t.fecha_solicitud >= DATEADD(week, -2, GETDATE());

Finalmente, implementamos un sistema de alertas automáticas mediante un procedimiento almacenado:

CREATE PROCEDURE sp_alertas_inventario AS BEGIN SELECT p.codigo_producto, p.descripcion, 'Stock Bajo' as tipo_alerta FROM productos p WHERE p.stock_actual <= p.punto_reorden UNION ALL SELECT p.codigo_producto, p.descripcion, 'Sobre Stock' as tipo_alerta FROM productos p WHERE p.stock_actual >= p.stock_maximo UNION ALL SELECT p.codigo_producto, p.descripcion, 'Sin Movimiento' as tipo_alerta FROM productos p

LEFT JOIN movimientos_inventario m ON p.producto_id = m.producto_id GROUP BY p.codigo_producto, p.descripcion HAVING MAX(m.fecha_movimiento) < DATEADD(month, -3, GETDATE()) OR MAX(m.fecha_movimiento) IS NULL; END;

Este sistema de inventario, adaptado a las necesidades específicas de empresas latinoamericanas, proporciona las herramientas necesarias para una gestión eficiente y control preciso del inventario. La implementación de estas consultas y procedimientos permite a las empresas mantener un control óptimo de sus existencias, reducir pérdidas y mejorar la eficiencia operativa.

# 20. Subconsultas Básicas

Las subconsultas son una herramienta poderosa en SQL que nos permite realizar consultas más complejas y obtener resultados más específicos. En el contexto latinoamericano, donde frecuentemente necesitamos analizar datos de manera jerárquica o comparativa, las subconsultas se vuelven especialmente útiles.

Una subconsulta es simplemente una consulta SELECT anidada dentro de otra consulta. Podemos utilizarla en diferentes partes de nuestra consulta principal: en la cláusula WHERE, en el SELECT, o incluso en el FROM. Veamos algunos ejemplos prácticos en el contexto de una empresa de retail latinoamericana.

Imaginemos que necesitamos identificar todos los productos que tienen un precio superior al promedio. En lugar de calcular primero el promedio y luego hacer otra consulta, podemos resolverlo en una sola operación:

SELECT codigo_producto, nombre_producto, precio FROM productos WHERE precio > (SELECT AVG(precio) FROM productos);

Esta consulta es particularmente útil para identificar productos premium o que requieren estrategias de precio especiales. En nuestro mercado, donde la sensibilidad al precio es alta, este tipo de análisis es fundamental.

Las subconsultas también son muy útiles cuando necesitamos comparar datos actuales con históricos. Por ejemplo, para identificar vendedores que han superado su promedio histórico de ventas:

SELECT v.nombre_vendedor, v.ventas_mes_actual FROM vendedores v WHERE v.ventas_mes_actual > (SELECT AVG(historico.monto_venta) FROM ventas_historicas historico WHERE historico.vendedor_id = v.vendedor_id);

En el contexto de análisis de inventario, podemos usar subconsultas para identificar productos que necesitan reabastecimiento basándonos en múltiples criterios:

SELECT p.codigo_producto, p.nombre_producto, p.stock_actual FROM productos p WHERE p.stock_actual < (SELECT MIN(nivel_minimo) FROM parametros_inventario pi WHERE pi.categoria = p.categoria) AND p.estado = 'ACTIVO';

Las subconsultas en la cláusula SELECT nos permiten mostrar cálculos comparativos en cada fila. Por ejemplo, para mostrar qué porcentaje representa cada venta sobre el total:

SELECT fecha_venta, monto_venta, (monto_venta * 100.0 / (SELECT SUM(monto_venta) FROM ventas)) as porcentaje_del_total FROM ventas;

Una aplicación común en empresas latinoamericanas es el análisis de rendimiento por región. Podemos usar subconsultas para comparar el desempeño de cada sucursal contra el promedio de su región:

SELECT s.nombre_sucursal, s.ventas_mensuales, (SELECT AVG(ventas_mensuales) FROM sucursales WHERE region = s.region) as promedio_region FROM sucursales s;

Las subconsultas también son útiles para encontrar registros que cumplan con condiciones basadas en otros conjuntos de datos. Por ejemplo, para identificar clientes que han comprado todos los productos de una categoría específica:

SELECT c.nombre_cliente FROM clientes c WHERE NOT EXISTS (SELECT p.producto_id FROM productos p WHERE p.categoria = 'Electrónicos' AND NOT EXISTS (SELECT 1 FROM ventas v WHERE v.cliente_id = c.cliente_id AND v.producto_id = p.producto_id));

En el análisis de competitividad, común en nuestros mercados locales, podemos usar subconsultas para comparar precios con la competencia:

SELECT p.codigo_producto, p.nombre_producto, p.precio, (SELECT AVG(precio_competidor) FROM precios_competencia pc WHERE pc.producto_similar = p.codigo_producto) as precio_promedio_competencia FROM productos p;

Para el análisis de tendencias, las subconsultas nos permiten comparar períodos específicos:

SELECT mes_actual.mes, mes_actual.ventas_totales, (SELECT ventas_totales FROM ventas_mensuales mes_anterior WHERE mes_anterior.mes = DATEADD(month, -1, mes_actual.mes)) as ventas_mes_anterior FROM ventas_mensuales mes_actual;

Un caso común en nuestras empresas es el análisis de eficiencia operativa. Podemos usar subconsultas para identificar procesos que toman más tiempo que el promedio:

SELECT o.orden_id, o.tiempo_proceso FROM ordenes o WHERE o.tiempo_proceso > (SELECT AVG(tiempo_proceso) + STDEV(tiempo_proceso) FROM ordenes);

Las subconsultas también son valiosas para la segmentación de clientes, una práctica común en estrategias de marketing latinoamericanas:

SELECT c.cliente_id, c.nombre_cliente, (SELECT COUNT(DISTINCT categoria) FROM ventas v JOIN productos p ON v.producto_id = p.producto_id WHERE v.cliente_id = c.cliente_id) as categorias_compradas FROM clientes c;

Es importante mencionar algunas consideraciones de rendimiento al trabajar con subconsultas. En bases de datos grandes, algunas subconsultas pueden afectar el rendimiento, especialmente las correlacionadas (aquellas que hacen referencia a la consulta exterior). En estos casos, a veces es mejor utilizar JOINS o reformular la consulta.

También debemos tener cuidado con las subconsultas que retornan múltiples filas cuando se esperaba un solo valor. Por ejemplo, esta consulta generará un error si algún departamento tiene más de un gerente:

SELECT empleado_id, nombre FROM empleados WHERE salario > (SELECT salario FROM empleados WHERE cargo = 'Gerente' AND departamento_id = empleados.departamento_id);

En conclusión, las subconsultas son una herramienta fundamental para el análisis de datos en empresas latinoamericanas. Nos permiten realizar análisis complejos, comparaciones y cálculos que serían difíciles o imposibles con consultas simples. La clave está en entender cuándo y cómo utilizarlas efectivamente, considerando siempre el rendimiento y la claridad del código.

# 21. Subconsultas Correlacionadas

Las subconsultas correlacionadas representan un nivel más avanzado en el manejo de SQL, particularmente relevante en el contexto empresarial latinoamericano donde necesitamos realizar análisis detallados y comparativos. A diferencia de las subconsultas regulares, las correlacionadas establecen una relación con la consulta exterior, ejecutándose una vez por cada fila procesada en la consulta principal.

Para entender mejor este concepto, imaginemos una empresa de retail con múltiples sucursales en diferentes países de Latinoamérica. Una situación común es necesitar comparar el desempeño de cada vendedor con el promedio de su propia sucursal. Aquí es donde las subconsultas correlacionadas brillan:

SELECT v.nombre_vendedor, v.ventas_totales, s.nombre_sucursal, (SELECT AVG(ventas_totales) FROM vendedores v2 WHERE v2.sucursal_id = v.sucursal_id) as promedio_sucursal FROM vendedores v JOIN sucursales s ON v.sucursal_id = s.sucursal_id;

En este ejemplo, la subconsulta se ejecuta para cada vendedor, calculando el promedio específico de su sucursal. La correlación se establece mediante la condición v2.sucursal_id = v.sucursal_id, que vincula la subconsulta con la consulta principal.

Las subconsultas correlacionadas son especialmente útiles en análisis de rendimiento histórico. Por ejemplo, para identificar tendencias de ventas mensuales comparadas con el promedio móvil de los últimos tres meses:

SELECT mes_actual.fecha, mes_actual.ventas_totales, (SELECT AVG(ventas_totales) FROM ventas_mensuales vm WHERE vm.fecha BETWEEN DATEADD(month, -3, mes_actual.fecha) AND mes_actual.fecha) as promedio_movil FROM ventas_mensuales mes_actual;

En el contexto de gestión de inventarios, frecuentemente necesitamos identificar productos que muestran patrones de venta inusuales en comparación con su categoría. Una subconsulta correlacionada puede ayudarnos a detectar estos casos:

SELECT p.codigo_producto, p.nombre_producto, p.ventas_mensuales, (SELECT AVG(ventas_mensuales) FROM productos p2 WHERE p2.categoria = p.categoria AND p2.codigo_producto != p.codigo_producto) as promedio_categoria FROM productos p WHERE p.ventas_mensuales > 2 * (SELECT AVG(ventas_mensuales) FROM productos p3 WHERE p3.categoria = p.categoria);

La gestión de recursos humanos también se beneficia de las subconsultas correlacionadas. Por ejemplo, para analizar la equidad salarial dentro de cada departamento:

SELECT e.nombre_empleado, e.salario, e.departamento, (SELECT AVG(salario) FROM empleados e2 WHERE e2.departamento = e.departamento) as promedio_departamento, (SELECT MAX(salario) FROM empleados e3 WHERE e3.departamento = e.departamento) as maximo_departamento FROM empleados e;

En el análisis de clientes, las subconsultas correlacionadas nos permiten identificar patrones de compra significativos:

SELECT c.cliente_id, c.nombre_cliente, (SELECT COUNT(*) FROM ventas v WHERE v.cliente_id = c.cliente_id) as total_compras, (SELECT AVG(monto) FROM ventas v2 WHERE v2.cliente_id = c.cliente_id) as promedio_compra FROM clientes c WHERE (SELECT MAX(monto) FROM ventas v3 WHERE v3.cliente_id = c.cliente_id) > 1000;

Para el análisis de rentabilidad por producto, podemos usar subconsultas correlacionadas para comparar márgenes actuales con históricos:

```sql
SELECT p.codigo_producto, p.nombre_producto, p.margen_actual, (SELECT AVG(margen) FROM historico_margenes hm WHERE hm.codigo_producto = p.codigo_producto AND hm.fecha > DATEADD(month, -6, GETDATE())) as margen_promedio_6_meses FROM productos p WHERE p.margen_actual < (SELECT MIN(margen) FROM historico_margenes hm2 WHERE hm2.codigo_producto = p.codigo_producto);
```

Las subconsultas correlacionadas también son útiles para análisis de competitividad regional:

```sql
SELECT r.region, r.ventas_totales, (SELECT AVG(ventas_totales) FROM regiones r2 WHERE r2.pais = r.pais AND r2.region != r.region) as promedio_otras_regiones FROM regiones r WHERE r.ventas_totales > (SELECT MAX(ventas_totales) FROM regiones r3 WHERE r3.pais = r.pais AND r3.region != r.region);
```

Es importante mencionar que las subconsultas correlacionadas pueden impactar el rendimiento de la base de datos, especialmente con grandes volúmenes de datos. En algunos casos, podemos optimizar estas consultas utilizando JOINS o funciones de ventana (window functions). Por ejemplo, la siguiente consulta usando una función de ventana podría ser más eficiente:

```sql
SELECT nombre_vendedor, ventas_totales, AVG(ventas_totales) OVER (PARTITION BY sucursal_id) as promedio_sucursal FROM vendedores;
```

Sin embargo, hay situaciones donde las subconsultas correlacionadas son la mejor o única opción, especialmente cuando necesitamos realizar comparaciones complejas o cuando los criterios de filtrado dependen de agregaciones por fila.

También debemos considerar la legibilidad del código. Aunque las subconsultas correlacionadas pueden hacer el código más largo, a veces resultan más fáciles de entender que soluciones alternativas más complejas con JOINS múltiples.

Para mantener un buen rendimiento al usar subconsultas correlacionadas, es recomendable:

1. Asegurarse de que los campos utilizados en la correlación estén correctamente indexados

2. Limitar la cantidad de datos procesados usando filtros apropiados

3. Considerar el uso de vistas materializadas para cálculos frecuentemente utilizados

4. Monitorear el plan de ejecución para identificar posibles problemas de rendimiento

Las subconsultas correlacionadas son una herramienta poderosa que, cuando se utilizan correctamente, nos permiten realizar análisis sofisticados y obtener insights valiosos de nuestros datos empresariales. La clave está en encontrar el balance adecuado entre la complejidad de la consulta y su rendimiento.

# 22. Caso Práctico: Cálculo de Comisiones

En este capítulo, abordaremos un escenario común en el mundo real: el cálculo de comisiones para vendedores. Este caso práctico nos permitirá aplicar varios conceptos de SQL que hemos aprendido hasta ahora, desde consultas básicas hasta operaciones más complejas.

El Escenario

Imaginemos que seguimos trabajando en nuestra tienda de electrodomésticos, y necesitamos calcular las comisiones mensuales de nuestros vendedores. El sistema de comisiones funciona así:

- 2% por ventas hasta 100,000 pesos

- 3% por ventas entre 100,001 y 200,000 pesos

- 4% por ventas superiores a 200,000 pesos

- Bono adicional de 1% si venden más de 5 unidades de productos premium

Nuestro Esquema de Base de Datos

Trabajaremos con las siguientes tablas:

ventas

- id_venta

- fecha_venta

- id_vendedor

- id_producto

- cantidad

- precio_unitario

- monto_total

vendedores

- id_vendedor

- nombre

- apellido

- fecha_ingreso

productos

- id_producto

- nombre_producto
- categoria
- es_premium

Calculando Comisiones Básicas

Primero, calculemos el total de ventas por vendedor en un mes específico:

```
SELECT
v.id_vendedor,
ve.nombre,
ve.apellido,
SUM(v.monto_total) as total_ventas
FROM ventas v
JOIN vendedores ve ON v.id_vendedor = ve.id_vendedor
WHERE EXTRACT(MONTH FROM v.fecha_venta) = 3
AND EXTRACT(YEAR FROM v.fecha_venta) = 2024
GROUP BY v.id_vendedor, ve.nombre, ve.apellido;
```

Ahora, agreguemos el cálculo de comisiones usando CASE:

```
SELECT
v.id_vendedor,
ve.nombre,
ve.apellido,
SUM(v.monto_total) as total_ventas,
CASE
WHEN     SUM(v.monto_total)     <=     100000     THEN
SUM(v.monto_total) * 0.02
WHEN     SUM(v.monto_total)     <=     200000     THEN
SUM(v.monto_total) * 0.03
ELSE SUM(v.monto_total) * 0.04
END as comision_base
FROM ventas v
JOIN vendedores ve ON v.id_vendedor = ve.id_vendedor
WHERE EXTRACT(MONTH FROM v.fecha_venta) = 3
```

AND EXTRACT(YEAR FROM v.fecha_venta) = 2024
GROUP BY v.id_vendedor, ve.nombre, ve.apellido;
Agregando el Bono por Productos Premium
Para calcular el bono adicional, necesitamos contar las ventas de productos premium:
SELECT
v.id_vendedor,
ve.nombre,
ve.apellido,
SUM(v.monto_total) as total_ventas,
CASE
WHEN     SUM(v.monto_total)     <=     100000     THEN SUM(v.monto_total) * 0.02
WHEN     SUM(v.monto_total)     <=     200000     THEN SUM(v.monto_total) * 0.03
ELSE SUM(v.monto_total) * 0.04
END as comision_base,
SUM(CASE
WHEN  p.es_premium  =  true  AND  v.cantidad  >  5  THEN v.monto_total * 0.01
ELSE 0
END) as bono_premium
FROM ventas v
JOIN vendedores ve ON v.id_vendedor = ve.id_vendedor
JOIN productos p ON v.id_producto = p.id_producto
WHERE EXTRACT(MONTH FROM v.fecha_venta) = 3
AND EXTRACT(YEAR FROM v.fecha_venta) = 2024
GROUP BY v.id_vendedor, ve.nombre, ve.apellido;
Reporte Final de Comisiones
Ahora, creemos un reporte completo que incluya todos los detalles relevantes:
WITH comisiones_detalladas AS (

```sql
SELECT
v.id_vendedor,
ve.nombre,
ve.apellido,
COUNT(DISTINCT v.id_venta) as total_transacciones,
SUM(v.cantidad) as unidades_vendidas,
SUM(v.monto_total) as total_ventas,
CASE
WHEN     SUM(v.monto_total)     <=     100000     THEN
SUM(v.monto_total) * 0.02
WHEN     SUM(v.monto_total)     <=     200000     THEN
SUM(v.monto_total) * 0.03
ELSE SUM(v.monto_total) * 0.04
END as comision_base,
SUM(CASE
WHEN  p.es_premium  =  true  AND  v.cantidad  >  5  THEN
v.monto_total * 0.01
ELSE 0
END) as bono_premium,
COUNT(CASE WHEN p.es_premium = true AND v.cantidad
> 5 THEN 1 END) as ventas_premium_calificadas
FROM ventas v
JOIN vendedores ve ON v.id_vendedor = ve.id_vendedor
JOIN productos p ON v.id_producto = p.id_producto
WHERE EXTRACT(MONTH FROM v.fecha_venta) = 3
AND EXTRACT(YEAR FROM v.fecha_venta) = 2024
GROUP BY v.id_vendedor, ve.nombre, ve.apellido
)
SELECT
id_vendedor,
nombre || ' ' || apellido as vendedor,
total_transacciones,
```

unidades_vendidas,

total_ventas,

comision_base,

bono_premium,

ventas_premium_calificadas,

comision_base + bono_premium as comision_total,

ROUND((comision_base + bono_premium) / total_ventas * 100, 2) as porcentaje_comision

FROM comisiones_detalladas

ORDER BY comision_total DESC;

Creando una Vista para Reportes Mensuales

Para facilitar el acceso regular a esta información, podemos crear una vista:

CREATE VIEW vista_comisiones_mensuales AS

WITH comisiones_detalladas AS (

—[Insertar consulta anterior aquí]

);

Ahora podemos consultar fácilmente las comisiones de cualquier mes:

SELECT * FROM vista_comisiones_mensuales

WHERE EXTRACT(MONTH FROM fecha_venta) = mes_deseado

AND EXTRACT(YEAR FROM fecha_venta) = año_deseado;

Optimización y Mejores Prácticas

1. Índices Recomendados:

- Crear índices en fecha_venta, id_vendedor, y id_producto

- Considerar un índice compuesto en (fecha_venta, id_vendedor)

2. Particionamiento:

Si la tabla de ventas es muy grande, considera particionarla por fecha:

CREATE TABLE ventas (

—columnas existentes

) PARTITION BY RANGE (EXTRACT(YEAR FROM fecha_venta));

3. Mantenimiento:

- Crear un procedimiento almacenado para actualizar las comisiones mensualmente
- Programar la ejecución automática al cierre del mes

Posibles Extensiones

1. Agregar metas de venta:

- Comparar ventas actuales contra metas mensuales
- Calcular porcentaje de cumplimiento

2. Histórico de comisiones:

- Mantener un registro histórico de comisiones
- Analizar tendencias y patrones

3. Alertas y notificaciones:

- Identificar vendedores destacados
- Alertar sobre casos que requieren revisión

Conclusión

Este caso práctico demuestra cómo SQL nos permite resolver problemas comerciales reales combinando diferentes conceptos:

- Joins para relacionar información de diferentes tablas
- Agregaciones para calcular totales
- CASE para lógica condicional
- CTEs para organizar consultas complejas
- Vistas para simplificar el acceso a los datos

Recuerda: La clave para desarrollar soluciones SQL efectivas es entender primero el problema comercial en detalle y luego construir la solución paso a paso, verificando los resultados en cada etapa.

# 23. Funciones de Texto

Las funciones de texto en SQL son herramientas esenciales para manipular y procesar datos de tipo cadena. En este capítulo, exploraremos las funciones más útiles y cómo aplicarlas en situaciones reales, continuando con nuestro ejemplo de la tienda de electrodomésticos.

• • • •

## FUNCIONES BÁSICAS DE Texto

• • • •

## LENGTH / CHAR_LENGTH

Retorna la longitud de una cadena. Útil para validar o filtrar datos:

• • • •

```
SELECT NOMBRE_PRODUCTO, LENGTH(nombre_producto) as longitud
    FROM productos
    WHERE LENGTH(nombre_producto) > 50;
```

• • • •

## UPPER Y LOWER

Convierten texto a mayúsculas o minúsculas. Ideales para estandarizar datos:

• • • •

```
SELECT
    UPPER(nombre_producto) as producto_mayusculas,
    LOWER(marca) as marca_minusculas
    FROM productos;
```

. . . .

## TRIM, LTRIM Y RTRIM

Eliminan espacios en blanco:
- TRIM: ambos lados
- LTRIM: lado izquierdo
- RTRIM: lado derecho

. . . .

SELECT TRIM(' SAMSUNG Smart TV ') as producto_limpio;

. . . .

## EXTRACCIÓN Y MANIPULACIÓN

. . . .

## SUBSTRING O SUBSTR

Extrae una porción de texto. La sintaxis puede variar según el sistema:

. . . .

```
SELECT
    nombre_producto,
    SUBSTRING(nombre_producto, 1, 10) as primeros_10_caracteres
    FROM productos;
```

. . . .

## LEFT Y RIGHT

Extraen caracteres desde el inicio o final:

. . . .

```
SELECT
```

```
nombre_producto,
LEFT(nombre_producto, 5) as primeros_5,
RIGHT(nombre_producto, 5) as ultimos_5
FROM productos;
```

• • • •

## CONCATENACIÓN DE TEXTO

• • • •

LA SINTAXIS VARÍA SEGÚN el sistema de base de datos:

• • • •

—USANDO ||

```
SELECT nombre || ' ' || apellido as nombre_completo
FROM vendedores;
```

• • • •

—USANDO CONCAT

```
SELECT CONCAT(nombre, ' ', apellido) as nombre_completo
FROM vendedores;
```

• • • •

—USANDO +

```
SELECT nombre + ' ' + apellido as nombre_completo
FROM vendedores;
```

• • • •

## BÚSQUEDA Y REEMPLAZO

• • • •

REPLACE

Reemplaza texto dentro de una cadena:

• • • •

```sql
SELECT
    nombre_producto,
    REPLACE(nombre_producto, 'TV', 'Televisor') as
nombre_modificado
    FROM productos;
```

• • • •

## POSITION O INSTR

Encuentra la posición de un substring:

• • • •

```sql
SELECT
    nombre_producto,
    POSITION('Smart' IN nombre_producto) as posicion_smart
    FROM productos
    WHERE POSITION('Smart' IN nombre_producto) > 0;
```

• • • •

## FORMATEO DE TEXTO

• • • •

## LPAD Y RPAD

Rellenan texto con caracteres específicos:

• • • •

```sql
SELECT
    LPAD(numero_serie, 10, '0') as serie_formateada,
    RPAD(categoria, 15, '.') as categoria_formateada
```

```
FROM productos;
```

• • • •

INITCAP O PROPER (SEGÚN el sistema)
Convierte la primera letra de cada palabra a mayúscula:

• • • •

```
SELECT INITCAP('SAMSUNG smart tv') as nombre_formateado;
```

• • • •

CASOS PRÁCTICOS

• • • •

1. LIMPIEZA DE DATOS de Productos

• • • •

```
SELECT
    id_producto,
    TRIM(REPLACE(REPLACE(nombre_producto, ' ', ' '), 'TV',
'Televisor')) as nombre_limpio,
    INITCAP(LOWER(marca)) as marca_estandarizada
    FROM productos;
```

• • • •

2. GENERACIÓN DE CÓDIGOS de Producto

• • • •

```
SELECT
    nombre_producto,
    UPPER(CONCAT(
    LEFT(marca, 3),
```

```
'-',
RIGHT(CAST(id_producto AS VARCHAR), 4),
'-',
LEFT(categoria, 2)
)) as codigo_producto
FROM productos;
```

• • • •

## 3. BÚSQUEDA FLEXIBLE de Productos

• • • •

```
SELECT NOMBRE_PRODUCTO, marca, precio
    FROM productos
    WHERE
    LOWER(nombre_producto) LIKE LOWER('%smart%')
    OR LOWER(descripcion) LIKE LOWER('%smart%');
```

• • • •

## 4. FORMATEO DE INFORMACIÓN de Contacto

• • • •

```
SELECT
    id_cliente,
    CONCAT(
    INITCAP(nombre),
    ' ',
    INITCAP(apellido),
    ' (',
    LOWER(email),
    ')'
    ) as info_contacto
    FROM clientes;
```

• • • •

## 5. EXTRACCIÓN DE INFORMACIÓN Específica

• • • •

```sql
SELECT
    nombre_producto,
    CASE
    WHEN POSITION('GB' IN nombre_producto) > 0 THEN
    SUBSTRING(
    nombre_producto,
    POSITION('GB' IN nombre_producto) - 3,
    5
    )
    ELSE 'N/A'
    END as capacidad
    FROM productos
    WHERE categoria = 'Celulares';
```

• • • •

## MEJORES PRÁCTICAS

• • • •

## 1. ESTANDARIZACIÓN

Establece reglas claras para el formato de texto en tu base de datos:

• • • •

```sql
CREATE OR REPLACE FUNCTION
estandarizar_producto(nombre VARCHAR) RETURNS
VARCHAR AS $$
    BEGIN
```

```
    RETURN INITCAP(TRIM(REPLACE(LOWER(nombre), ' ', '
')));
    END;
    $$ LANGUAGE plpgsql;
```

• • • •

## 2. RENDIMIENTO

- Evita usar funciones de texto en la cláusula WHERE cuando sea posible

- Considera crear índices funcionales para búsquedas frecuentes:

• • • •

```
CREATE INDEX IDX_PRODUCTO_nombre_lower ON productos (LOWER(nombre_producto));
```

• • • •

## 3. VALIDACIÓN

Implementa validaciones para mantener la consistencia:

• • • •

```
CREATE TRIGGER VALIDAR_producto
    BEFORE INSERT OR UPDATE ON productos
    FOR EACH ROW
    EXECUTE FUNCTION validar_formato_producto();
```

• • • •

## ERRORES COMUNES Y SOLUCIONES

• • • •

## 1. PROBLEMAS CON ESPACIOS

Incorrecto:

```
WHERE nombre_producto = 'Samsung TV';
```

• • • •

CORRECTO:
```
WHERE TRIM(nombre_producto) = 'Samsung TV';
```

• • • •

## 2. SENSIBILIDAD A MAYÚSCULAS/Minúsculas

Incorrecto:
```
WHERE marca = 'samsung';
```

• • • •

CORRECTO:
```
WHERE LOWER(marca) = LOWER('samsung');
```

• • • •

## 3. CONCATENACIÓN CON Valores NULL

Incorrecto:
```
SELECT nombre || apellido;
```

• • • •

CORRECTO:
```
SELECT     CONCAT(COALESCE(nombre,     "),     ' ',
COALESCE(apellido, "));
```

• • • •

## FUNCIONES AVANZADAS de Texto

• • • •

## REGEXP_REPLACE

Para manipulaciones complejas usando expresiones regulares:

• • • •

```
SELECT                    REGEXP_REPLACE(nombre_producto,
'([0-9]+)(GB|TB)', '\1 \2')
    FROM productos;
```

• • • •

## STRING_AGG O GROUP_CONCAT

Para concatenar valores de múltiples filas:

• • • •

```
SELECT CATEGORIA,
    STRING_AGG(DISTINCT marca, ', ') as marcas_disponibles
    FROM productos
    GROUP BY categoria;
```

• • • •

RECUERDA: LAS FUNCIONES de texto son esenciales para mantener datos limpios y consistentes. La clave está en elegir las funciones adecuadas para cada situación y considerar siempre el rendimiento al trabajar con grandes volúmenes de datos.

# 24. Funciones Numéricas

Las funciones numéricas en SQL son herramientas fundamentales para realizar cálculos matemáticos y manipular valores numéricos en nuestras consultas. En el contexto latinoamericano, estas funciones son especialmente útiles para análisis financieros, cálculos de inventario, procesamiento de ventas y muchas otras aplicaciones comerciales cotidianas. Vamos a explorar las funciones numéricas más importantes y su aplicación práctica en situaciones reales.

La función ABS es una de las más básicas pero esenciales, ya que nos permite obtener el valor absoluto de un número. Esto es particularmente útil cuando necesitamos calcular diferencias sin importar si el resultado es positivo o negativo. Por ejemplo, en un sistema de inventario, podríamos necesitar conocer la magnitud de la diferencia entre el stock actual y el stock mínimo, independientemente de si hay exceso o faltante: SELECT ABS(stock_actual - stock_minimo) AS diferencia_stock FROM inventario.

ROUND y TRUNC son funciones que utilizamos frecuentemente en cálculos financieros. ROUND redondea un número al decimal especificado, mientras que TRUNC simplemente corta los decimales sin redondear. En el contexto de manejo de moneda, es común usar ROUND(cantidad, 2) para asegurar que los valores monetarios tengan exactamente dos decimales. Por ejemplo: SELECT producto, ROUND(precio * 1.16, 2) AS precio_con_iva FROM productos.

La función CEIL nos devuelve el próximo número entero mayor o igual que el valor dado, mientras que FLOOR nos da el número entero menor o igual. Estas funciones son útiles en situaciones de planificación de recursos. Por ejemplo, si necesitamos calcular cuántas cajas completas necesitaremos para empacar productos: SELECT CEIL(cantidad_total / unidades_por_caja) AS cajas_necesarias FROM ordenes.

Para cálculos más avanzados, tenemos funciones como POWER y SQRT. POWER nos permite elevar un número a una potencia específica, mientras que SQRT calcula la raíz cuadrada. Estas funciones son especialmente útiles en cálculos estadísticos o análisis de crecimiento exponencial. Por ejemplo, para calcular el crecimiento compuesto de ventas: SELECT POWER(1 + tasa_crecimiento, periodos) AS factor_crecimiento FROM proyecciones.

MOD es una función que nos devuelve el residuo de una división. Esta función es particularmente útil cuando necesitamos identificar patrones cíclicos o distribuir elementos de manera uniforme. Por ejemplo, para asignar productos a diferentes almacenes de manera rotativa: SELECT producto_id, MOD(producto_id, numero_almacenes) AS almacen_asignado FROM productos.

Las funciones trigonométricas como SIN, COS, TAN también están disponibles en SQL, aunque su uso es menos común en aplicaciones comerciales típicas. Sin embargo, pueden ser útiles en cálculos de geometría o en aplicaciones especializadas de ingeniería.

Para el análisis estadístico básico, podemos utilizar funciones como AVG, STDDEV (desviación estándar) y VARIANCE. Estas son especialmente útiles cuando necesitamos entender la distribución de nuestros datos. Por ejemplo, para analizar la variabilidad en los montos de ventas: SELECT vendedor, AVG(monto_venta) AS promedio, STDDEV(monto_venta) AS desviacion FROM ventas GROUP BY vendedor.

Una aplicación práctica común en nuestro contexto latino es el manejo de diferentes tipos de cambio. Podemos usar funciones numéricas para realizar conversiones de moneda precisas: SELECT monto, ROUND(monto * tipo_cambio, 2) AS monto_dolares FROM transacciones.

Es importante mencionar que el comportamiento de estas funciones puede variar ligeramente entre diferentes sistemas de gestión de bases de datos. Por ejemplo, Oracle, SQL Server y PostgreSQL pueden tener pequeñas diferencias en cómo manejan los números decimales o en los nombres exactos de algunas funciones.

También debemos considerar el rendimiento al usar funciones numéricas en grandes conjuntos de datos. Por ejemplo, realizar cálculos complejos en cada fila de una tabla grande puede impactar significativamente el tiempo de ejecución de la consulta. En estos casos, es recomendable considerar el uso de índices calculados o columnas computadas cuando sea posible.

Las funciones numéricas también son fundamentales en el cálculo de métricas empresariales comunes en nuestro entorno. Por ejemplo, para calcular porcentajes de crecimiento, márgenes de ganancia o ratios financieros: SELECT categoria, ROUND(((ventas_actuales - ventas_anteriores) / ventas_anteriores) * 100, 2) AS porcentaje_crecimiento FROM resultados_ventas.

Un aspecto importante a considerar es el manejo de valores NULL en operaciones numéricas. Cualquier operación aritmética que involucre un NULL resultará en NULL. Por esto, es común usar la función COALESCE junto con funciones numéricas para proporcionar valores predeterminados: SELECT COALESCE(ROUND(monto_venta, 2), 0) AS monto_ajustado FROM ventas.

Para concluir, las funciones numéricas son herramientas esenciales en el trabajo diario con bases de datos. Su correcto uso nos permite realizar desde cálculos básicos hasta análisis financieros complejos. La clave está en entender bien cada función y su aplicación práctica en nuestro contexto empresarial latino, donde la precisión en los cálculos financieros y la eficiencia en el procesamiento de datos son fundamentales para el éxito de nuestros proyectos.

# 25. INSERT: Agregando Datos

La sentencia INSERT es una de las operaciones fundamentales en SQL, permitiéndonos agregar nuevos registros a nuestras tablas de bases de datos. En el contexto latinoamericano, esta operación es crucial para mantener actualizados nuestros sistemas de información, desde el registro de nuevas ventas hasta la incorporación de nuevos clientes o productos en nuestros catálogos.

La sintaxis básica del comando INSERT es relativamente simple, pero es importante entender sus variantes y mejores prácticas para utilizarlo efectivamente. La forma más común de usar INSERT es especificando tanto las columnas como los valores que queremos insertar: INSERT INTO nombre_tabla (columna1, columna2, columna3) VALUES (valor1, valor2, valor3). Esta forma explícita de especificar las columnas es altamente recomendada, ya que nos ayuda a evitar errores y hace nuestro código más mantenible.

Tomemos un ejemplo común en nuestro contexto: el registro de un nuevo cliente en una tienda minorista. La consulta podría verse así: INSERT INTO clientes (nombre, apellido, correo, telefono, direccion) VALUES ('María', 'González', 'maria.gonzalez@email.com', '555-1234', 'Av. Libertador 1234'). Es importante notar que los valores de tipo texto deben ir entre comillas simples, mientras que los valores numéricos pueden ir sin comillas.

Una característica útil del INSERT es la capacidad de insertar múltiples registros en una sola sentencia. Esto es particularmente eficiente cuando necesitamos cargar varios registros a la vez, como en el caso de una importación de datos: INSERT INTO productos (codigo, nombre, precio, categoria) VALUES ('P001', 'Arroz', 2.50, 'Abarrotes'), ('P002', 'Frijoles', 1.75, 'Abarrotes'), ('P003', 'Aceite', 4.25, 'Abarrotes'). Esta forma de inserción múltiple es más eficiente que realizar múltiples INSERT individuales, ya que reduce la cantidad de transacciones necesarias.

También podemos usar INSERT con una subconsulta en lugar de VALUES. Esto es especialmente útil cuando necesitamos copiar datos de una tabla a otra o cuando queremos insertar registros basados en cálculos o condiciones específicas. Por ejemplo: INSERT INTO ventas_historicas SELECT * FROM ventas WHERE fecha < '2023-01-01'. Esta técnica es común en procesos de archivo o respaldo de datos.

Un aspecto importante a considerar cuando trabajamos con INSERT es el manejo de valores NULL y valores predeterminados. Podemos omitir columnas en nuestra sentencia INSERT si estas tienen definido un valor predeterminado o si permiten valores NULL. Por ejemplo, si tenemos una columna fecha_registro que por defecto toma la fecha actual, no necesitamos incluirla en nuestro INSERT.

En el contexto de aplicaciones empresariales latinoamericanas, es común necesitar manejar caracteres especiales y tildes en nuestros datos. Es importante asegurarnos de que nuestra base de datos esté configurada correctamente con la codificación adecuada (generalmente UTF-8) para manejar estos caracteres correctamente en nuestras operaciones INSERT.

Las restricciones de integridad referencial y las claves únicas son otro aspecto crucial a considerar. Por ejemplo, si intentamos insertar un producto con un código que ya existe en la tabla, la operación fallará si tenemos una restricción de unicidad en esa columna. Es una buena práctica manejar estos casos en nuestro código para evitar errores en producción.

La gestión de secuencias o campos autoincreméntales también es importante en las operaciones INSERT. En muchos casos, tendremos una columna ID que se incrementa automáticamente. En estos casos, no necesitamos (y generalmente no debemos) especificar un valor para esta columna en nuestro INSERT.

Para operaciones masivas de inserción de datos, es importante considerar el rendimiento y el impacto en los recursos del servidor.

Algunas bases de datos ofrecen opciones específicas para carga masiva de datos, como BULK INSERT en SQL Server o COPY en PostgreSQL, que pueden ser significativamente más eficientes que el INSERT tradicional para grandes volúmenes de datos.

El manejo de transacciones es crucial cuando realizamos operaciones INSERT, especialmente cuando estas son parte de un proceso más grande. Por ejemplo, si estamos registrando una venta que implica actualizar el inventario y crear un registro de factura, queremos que todas estas operaciones se realicen como una única unidad atómica.

También es importante considerar la seguridad al realizar operaciones INSERT. Debemos asegurarnos de que los usuarios tengan los permisos adecuados y, más importante aún, protegernos contra ataques de inyección SQL utilizando consultas parametrizadas o procedimientos almacenados.

En el contexto de aplicaciones web, es común necesitar confirmar el éxito de una operación INSERT. Muchos sistemas de gestión de bases de datos proporcionan funciones para obtener el ID del último registro insertado o el número de filas afectadas, lo cual es útil para validar que nuestras operaciones se realizaron correctamente.

Las auditorías son otro aspecto importante en muchas empresas latinoamericanas. Podemos usar triggers para mantener automáticamente registros de auditoría cada vez que se realiza un INSERT, guardando información sobre quién realizó la operación, cuándo y qué datos se insertaron.

Finalmente, es una buena práctica documentar nuestras operaciones INSERT, especialmente cuando son parte de procesos más complejos o cuando tienen lógica de negocio específica. Esto facilita el mantenimiento y la transferencia de conocimiento dentro del equipo de desarrollo.

# 26. UPDATE: Actualizando Registros

La capacidad de actualizar datos existentes en una base de datos es tan importante como insertarlos. En este capítulo, exploraremos la sentencia UPDATE, sus variantes y las mejores prácticas para modificar registros de manera segura y eficiente.

Sintaxis Básica

La estructura básica de UPDATE es simple:

UPDATE nombre_tabla

SET columna1 = valor1, columna2 = valor2

WHERE condicion;

Por ejemplo, para actualizar el precio de un producto específico:

UPDATE productos

SET precio = 12999

WHERE id_producto = 1234;

¡IMPORTANTE! Siempre usa WHERE

Si omites la cláusula WHERE, actualizarás TODAS las filas de la tabla. Este es uno de los errores más comunes y potencialmente desastrosos:

—¡PELIGRO! Esto actualizará TODOS los precios

UPDATE productos

SET precio = 12999;

Actualizando Múltiples Columnas

Podemos actualizar varias columnas en una sola sentencia:

UPDATE productos

SET

precio = 12999,

stock = stock - 1,

ultima_actualizacion = CURRENT_TIMESTAMP

WHERE id_producto = 1234;

Usando Valores Calculados

Podemos usar expresiones y funciones en las actualizaciones:

```
UPDATE productos
SET
precio = precio * 1.10, —Incremento del 10%
nombre = UPPER(nombre) —Convertir a mayúsculas
WHERE categoria = 'Televisores';
```

Actualizaciones con Joins

Podemos actualizar registros basándonos en datos de otras tablas:

```
UPDATE productos p
SET precio = p.precio * 1.15
FROM categorias c
WHERE p.id_categoria = c.id_categoria
AND c.nombre = 'Premium';
```

Actualizaciones Masivas Seguras

Para actualizaciones grandes, es buena práctica verificar primero con SELECT:

```
—Primero, verifica qué registros se actualizarán
SELECT *
FROM productos
WHERE categoria = 'Televisores'
AND precio < 10000;
—Si los resultados son correctos, procede con el UPDATE
UPDATE productos
SET precio = precio * 1.10
WHERE categoria = 'Televisores'
AND precio < 10000;
```

Actualizaciones Condicionales

Usando CASE:

```
UPDATE productos
SET precio =
CASE
WHEN precio < 5000 THEN precio * 1.15
WHEN precio < 10000 THEN precio * 1.10
```

```sql
ELSE precio * 1.05
END
WHERE categoria = 'Electrodomésticos';
```

Actualizaciones con Subconsultas

Podemos usar subconsultas para actualizaciones más complejas:

```sql
UPDATE productos
SET precio = precio * 1.20
WHERE id_producto IN (
SELECT p.id_producto
FROM productos p
JOIN ventas v ON p.id_producto = v.id_producto
GROUP BY p.id_producto
HAVING COUNT(*) > 100
);
```

Prácticas de Seguridad

Usar Transacciones

Especialmente útil para actualizaciones masivas:

```sql
BEGIN;
UPDATE productos
SET precio = precio * 1.10
WHERE categoria = 'Televisores';
—Verifica los resultados
SELECT * FROM productos WHERE categoria = 'Televisores';
```

. . . .

```sql
—SI TODO ESTÁ BIEN:
COMMIT;
—Si hay problemas:
—ROLLBACK;
2. Respaldos Antes de Actualizaciones Masivas
—Crear una tabla de respaldo
CREATE TABLE productos_backup AS
```

```
SELECT * FROM productos;
Actualizaciones por Lotes
Para tablas muy grandes:
DO $$
DECLARE
v_offset INTEGER := 0;
v_limit INTEGER := 1000;
v_affected INTEGER;
BEGIN
LOOP
UPDATE productos
SET precio = precio * 1.10
WHERE id_producto IN (
SELECT id_producto
FROM productos
WHERE categoria = 'Televisores'
ORDER BY id_producto
LIMIT v_limit OFFSET v_offset
);
GET DIAGNOSTICS v_affected = ROW_COUNT;
EXIT WHEN v_affected = 0;
```

• • • •

```
V_OFFSET := V_OFFSET + v_limit;
END LOOP;
GET DIAGNOSTICS v_affected = ROW_COUNT;
EXIT WHEN v_affected = 0;
```

• • • •

```
V_OFFSET := V_OFFSET + v_limit;
END LOOP;
END $$;
```

Casos Prácticos

Actualización de Precios por Inflación

```
UPDATE productos
SET
precio = precio * 1.08,
fecha_actualizacion = CURRENT_TIMESTAMP,
actualizado_por = 'Sistema'
WHERE fecha_actualizacion < CURRENT_DATE - INTERVAL '3 months';
```

Actualización de Estado de Pedidos

```
UPDATE pedidos
SET
estado = 'Cancelado',
motivo_cancelacion = 'Tiempo excedido',
fecha_cancelacion = CURRENT_TIMESTAMP
WHERE estado = 'Pendiente'
AND fecha_pedido < CURRENT_TIMESTAMP - INTERVAL '7 days';
```

Actualización de Niveles de Stock

```
UPDATE productos p
SET
nivel_stock =
CASE
WHEN p.stock <= p.stock_minimo THEN 'Bajo'
WHEN p.stock <= p.stock_minimo * 2 THEN 'Medio'
ELSE 'Alto'
END,
requiere_reposicion = (p.stock <= p.stock_minimo);
```

Errores Comunes y Cómo Evitarlos

No Usar WHERE

Siempre verifica tu cláusula WHERE antes de ejecutar:

—Primero haz un SELECT

SELECT * FROM productos WHERE ...

—Si los resultados son correctos, reemplaza SELECT * por UPDATE

No Considerar Restricciones

Verifica las restricciones antes de actualizar:

—Verifica que los nuevos valores cumplan con las restricciones

SELECT *

FROM productos

WHERE precio * 1.10 > precio_maximo_permitido;

No Manejar Valores NULL

Ten cuidado con las comparaciones NULL:

—Incorrecto

UPDATE productos

SET precio = precio * 1.10

WHERE ultimo_precio = NULL;

—Correcto

UPDATE productos

SET precio = precio * 1.10

WHERE ultimo_precio IS NULL;

Mejores Prácticas

Documentación

Comenta tus actualizaciones importantes:

—Actualización de precios Q2 2024

—Autor: María García

—Fecha: 2024-04-01

UPDATE productos SET ...

Logging

Mantén un registro de cambios importantes:

CREATE TABLE log_actualizaciones (

id SERIAL PRIMARY KEY,

tabla VARCHAR(50),

operacion VARCHAR(20),

fecha TIMESTAMP DEFAULT CURRENT_TIMESTAMP,
usuario VARCHAR(50),
registros_afectados INTEGER
);
Validación Post-Update
Verifica que los cambios sean correctos:
SELECT
COUNT(*) as registros_actualizados,
AVG(precio) as precio_promedio_nuevo
FROM productos
WHERE fecha_actualizacion = CURRENT_DATE;

En el próximo capítulo, exploraremos la sentencia DELETE, que nos permitirá eliminar registros de manera segura y eficiente.

Recuerda: La clave para actualizaciones exitosas es la precaución. Siempre verifica tus condiciones WHERE, usa transacciones cuando sea posible, y mantén respaldos de datos importantes antes de realizar cambios masivos.

# 27. DELETE: Eliminando Registros

La eliminación de registros en una base de datos es una operación fundamental que debe realizarse con extrema precaución, ya que a diferencia de otras operaciones como INSERT o UPDATE, el borrado de datos suele ser irreversible si no se han tomado las medidas preventivas adecuadas. El comando DELETE nos permite eliminar registros específicos o grupos de registros que cumplan con determinadas condiciones, siendo una herramienta poderosa pero que requiere un manejo responsable.

La sintaxis básica del comando DELETE es relativamente simple: DELETE FROM nombre_tabla WHERE condición. Sin embargo, su simplicidad puede ser engañosa, ya que un error en la cláusula WHERE podría resultar en la eliminación no deseada de datos críticos para el negocio. Por esta razón, es una práctica común entre los profesionales experimentados realizar primero una consulta SELECT con las mismas condiciones que se planean usar en el DELETE, para verificar exactamente qué registros serán afectados.

Consideremos un ejemplo práctico común en empresas latinoamericanas: la gestión de un sistema de facturación donde necesitamos eliminar facturas canceladas que tienen más de cinco años de antigüedad. Antes de ejecutar el DELETE, podríamos hacer:

SELECT * FROM facturas WHERE estado = 'CANCELADA' AND fecha_emision < DATE_SUB(CURRENT_DATE, INTERVAL 5 YEAR);

Una vez confirmado que los registros mostrados son exactamente los que queremos eliminar, podemos proceder con el DELETE:

DELETE FROM facturas WHERE estado = 'CANCELADA' AND fecha_emision < DATE_SUB(CURRENT_DATE, INTERVAL 5 YEAR);

Es importante mencionar que en entornos de producción, especialmente cuando se manejan datos sensibles o críticos para el negocio, es recomendable implementar un sistema de respaldo antes de realizar operaciones de eliminación masiva. Esto puede lograrse mediante la creación de tablas temporales o realizando un backup específico de los datos que serán eliminados.

Un aspecto crucial al trabajar con DELETE es entender cómo funciona con las relaciones entre tablas. Cuando existen claves foráneas, la eliminación de registros puede verse afectada por las restricciones de integridad referencial. Por ejemplo, si intentamos eliminar un cliente que tiene facturas asociadas, la operación podría fallar si no manejamos adecuadamente estas dependencias.

Para estos casos, tenemos diferentes opciones. Podemos configurar las claves foráneas con ON DELETE CASCADE, lo que provocará que al eliminar un registro en la tabla principal, se eliminen automáticamente todos los registros relacionados en las tablas secundarias. Sin embargo, esta opción debe usarse con extrema precaución, ya que puede tener efectos en cadena no deseados.

Otra situación común en nuestras empresas es la necesidad de realizar limpieza periódica de datos temporales o de prueba. Por ejemplo, en un sistema de seguimiento de envíos, podríamos necesitar eliminar todos los registros de tracking que ya no son relevantes:

```
DELETE FROM tracking_envios WHERE estado = 'ENTREGADO' AND fecha_entrega < DATE_SUB(CURRENT_DATE, INTERVAL 1 YEAR);
```

Es importante mencionar que en bases de datos grandes, las operaciones DELETE pueden consumir recursos significativos y bloquear tablas durante su ejecución. Por esta razón, cuando se necesita eliminar grandes cantidades de datos, es recomendable hacerlo en lotes más pequeños para minimizar el impacto en el rendimiento del sistema.

Un patrón común para eliminar grandes cantidades de datos es utilizar un bucle que elimine registros en lotes:

```
DELETE FROM tabla WHERE condicion LIMIT 1000;
```

Este comando se repetiría hasta que no queden registros que cumplan con la condición, permitiendo que otras operaciones puedan ejecutarse entre cada lote de eliminaciones.

También es importante considerar el impacto que las eliminaciones masivas pueden tener en el espacio de almacenamiento y la fragmentación de la base de datos. Después de eliminar grandes cantidades de datos, puede ser necesario ejecutar comandos de optimización como OPTIMIZE TABLE en MySQL o VACUUM en PostgreSQL para reclamar el espacio liberado y mantener el rendimiento óptimo de la base de datos.

Un aspecto que frecuentemente se pasa por alto es el registro de las operaciones de eliminación. En entornos empresariales, es crucial mantener un registro de auditoría de quién eliminó qué datos y cuándo. Esto puede implementarse mediante triggers que registren la información relevante antes de que los datos sean eliminados:

```
CREATE TRIGGER before_delete_audit
BEFORE DELETE ON tabla
FOR EACH ROW
INSERT INTO log_eliminaciones (usuario, fecha, datos_eliminados)
VALUES (CURRENT_USER(), NOW(), OLD.campo_importante);
```

En el contexto de aplicaciones web y sistemas empresariales, es común implementar un "borrado lógico" en lugar de eliminar físicamente los registros. Esto se logra agregando una columna como "activo" o "fecha_eliminacion" y actualizando estos valores en lugar de eliminar el registro. Esta práctica permite recuperar datos si fueron eliminados por error y mantener un historial completo de la información:

```
UPDATE clientes SET activo = 0, fecha_eliminacion = NOW() WHERE id = 123;
```

Esta aproximación es especialmente útil en sistemas que manejan información sensible o que están sujetos a regulaciones que requieren mantener registros históricos por períodos específicos.

Finalmente, es fundamental establecer políticas claras de eliminación de datos en la organización. Estas políticas deben definir qué datos pueden ser eliminados, bajo qué circunstancias, quién tiene la autorización para hacerlo y qué procedimientos de respaldo deben seguirse antes de realizar eliminaciones significativas. También deben considerar aspectos legales y regulatorios específicos de cada país o región, ya que existen normativas que requieren la conservación de ciertos tipos de datos por períodos determinados.

La implementación de procedimientos almacenados para las operaciones de eliminación más comunes puede ayudar a estandarizar estos procesos y reducir el riesgo de errores:

```sql
DELIMITER //
CREATE PROCEDURE eliminar_facturas_antiguas(IN anos_antiguedad INT)
BEGIN
START TRANSACTION;
INSERT INTO backup_facturas SELECT * FROM facturas
WHERE fecha_emision < DATE_SUB(CURRENT_DATE, INTERVAL anos_antiguedad YEAR);
DELETE FROM facturas
WHERE fecha_emision < DATE_SUB(CURRENT_DATE, INTERVAL anos_antiguedad YEAR);
COMMIT;
END //
DELIMITER ;
```

Este procedimiento almacenado no solo realiza la eliminación de manera segura, sino que también crea un respaldo de los datos antes de eliminarlos, proporcionando una capa adicional de seguridad.

# 28. Caso Práctico: Gestión de Clientes

En este capítulo, aplicaremos nuestros conocimientos de SQL a un escenario real: la gestión de clientes en nuestra tienda de electrodomésticos. Veremos cómo implementar un sistema completo de gestión de clientes, desde el registro hasta el análisis de su comportamiento de compra.

Estructura de la Base de Datos

Primero, definamos las tablas necesarias para nuestro sistema:

```
CREATE TABLE clientes (
id_cliente SERIAL PRIMARY KEY,
nombre VARCHAR(50),
apellido VARCHAR(50),
email VARCHAR(100) UNIQUE,
telefono VARCHAR(15),
fecha_registro DATE DEFAULT CURRENT_DATE,
ultima_compra DATE,
estado VARCHAR(20) DEFAULT 'Activo',
tipo_cliente VARCHAR(20) DEFAULT 'Regular',
puntos_fidelidad INTEGER DEFAULT 0
);
CREATE TABLE direcciones_cliente (
id_direccion SERIAL PRIMARY KEY,
id_cliente INTEGER REFERENCES clientes(id_cliente),
tipo_direccion VARCHAR(20),—'Facturación' o 'Entrega'
calle VARCHAR(100),
numero VARCHAR(10),
colonia VARCHAR(50),
ciudad VARCHAR(50),
estado VARCHAR(50),
codigo_postal VARCHAR(10),
es_principal BOOLEAN DEFAULT false
```

```
);
CREATE TABLE preferencias_cliente (
id_cliente INTEGER REFERENCES clientes(id_cliente),
categoria_preferida VARCHAR(50),
marca_preferida VARCHAR(50),
dia_preferido_contacto VARCHAR(20),
metodo_contacto_preferido VARCHAR(20),
ultima_actualizacion          TIMESTAMP          DEFAULT
CURRENT_TIMESTAMP
);
Consultas Útiles para la Gestión
Vista General de Cliente
CREATE VIEW vista_cliente_completa AS
SELECT
c.id_cliente,
c.nombre || ' ' || c.apellido as nombre_completo,
c.email,
c.telefono,
c.tipo_cliente,
c.puntos_fidelidad,
dc.calle || ' ' || dc.numero || ',' || dc.colonia as direccion_principal,
pc.categoria_preferida,
pc.marca_preferida,
COALESCE(
(SELECT SUM(monto_total)
FROM ventas
WHERE id_cliente = c.id_cliente
AND  fecha_venta >= CURRENT_DATE - INTERVAL '12
months'),
0
) as compras_ultimo_año
FROM clientes c
```

```
    LEFT JOIN direcciones_cliente dc ON c.id_cliente =
dc.id_cliente AND dc.es_principal = true
    LEFT JOIN preferencias_cliente pc ON c.id_cliente =
pc.id_cliente;
    Segmentación de Clientes
    CREATE              OR              REPLACE              FUNCTION
actualizar_tipo_cliente()
    RETURNS void AS $$
    BEGIN
    UPDATE clientes c
    SET tipo_cliente =
    CASE
    WHEN compras_ultimo_año >= 100000 THEN 'Premium'
    WHEN compras_ultimo_año >= 50000 THEN 'Oro'
    WHEN compras_ultimo_año >= 25000 THEN 'Plata'
    ELSE 'Regular'
    END
    FROM (
    SELECT
    id_cliente,
    SUM(monto_total) as compras_ultimo_año
    FROM ventas
    WHERE fecha_venta >= CURRENT_DATE - INTERVAL '12
months'
    GROUP BY id_cliente
    ) v
    WHERE c.id_cliente = v.id_cliente;
    END;
    $$ LANGUAGE plpgsql;
    Sistema de Puntos de Fidelidad
    CREATE OR REPLACE FUNCTION calcular_puntos_venta()
    RETURNS TRIGGER AS $$
```

```
BEGIN
UPDATE clientes
SET puntos_fidelidad = puntos_fidelidad + (NEW.monto_total /
100)::INTEGER
WHERE id_cliente = NEW.id_cliente;
RETURN NEW;
END;
$$ LANGUAGE plpgsql;
CREATE TRIGGER actualizar_puntos_cliente
AFTER INSERT ON ventas
FOR EACH ROW
EXECUTE FUNCTION calcular_puntos_venta();
Análisis de Comportamiento de Compra
CREATE VIEW analisis_cliente AS
SELECT
c.id_cliente,
c.nombre_completo,
COUNT(v.id_venta) as total_compras,
AVG(v.monto_total) as ticket_promedio,
MAX(v.fecha_venta) as ultima_compra,
STRING_AGG(DISTINCT     p.categoria,     ',     ')     as
categorias_compradas,
COUNT(DISTINCT p.categoria) as diversidad_categorias
FROM clientes c
LEFT JOIN ventas v ON c.id_cliente = v.id_cliente
LEFT JOIN productos p ON v.id_producto = p.id_producto
GROUP BY c.id_cliente, c.nombre_completo;
Detección de Clientes en Riesgo
SELECT
c.id_cliente,
c.nombre_completo,
c.ultima_compra,
```

```
CURRENT_DATE - c.ultima_compra as dias_sin_compra,
c.tipo_cliente
FROM clientes c
WHERE c.ultima_compra < CURRENT_DATE - INTERVAL '6 months'
AND c.tipo_cliente IN ('Premium', 'Oro')
ORDER BY dias_sin_compra DESC;
```

Reporte de Oportunidades

```
SELECT
c.id_cliente,
c.nombre_completo,
pc.categoria_preferida,
(
SELECT p.nombre_producto
FROM productos p
WHERE p.categoria = pc.categoria_preferida
AND p.id_producto NOT IN (
SELECT v.id_producto
FROM ventas v
WHERE v.id_cliente = c.id_cliente
)
LIMIT 1
) as producto_sugerido
FROM clientes c
JOIN preferencias_cliente pc ON c.id_cliente = pc.id_cliente;
```

Procedimientos de Mantenimiento

Limpieza de Datos

```
CREATE OR REPLACE PROCEDURE limpiar_datos_clientes()
LANGUAGE plpgsql AS $$
BEGIN
—Estandarizar emails
```

```
UPDATE clientes
SET email = LOWER(TRIM(email));
—Estandarizar teléfonos
UPDATE clientes
SET telefono = REGEXP_REPLACE(telefono, '[^0-9]', '', 'g');
```

• • • •

```
—MARCAR CLIENTES INACTIVOS
UPDATE clientes
SET estado = 'Inactivo'
WHERE ultima_compra < CURRENT_DATE - INTERVAL '12 months';
END;
$$;
Actualización de Preferencias
CREATE OR REPLACE PROCEDURE actualizar_preferencias_cliente(p_id_cliente INTEGER)
LANGUAGE plpgsql AS $$
BEGIN
—Actualizar categoría preferida basada en compras
UPDATE preferencias_cliente pc
SET categoria_preferida = subconsulta.categoria_mas_comprada
FROM (
SELECT
v.id_cliente,
p.categoria as categoria_mas_comprada
FROM ventas v
JOIN productos p ON v.id_producto = p.id_producto
WHERE v.id_cliente = p_id_cliente
GROUP BY v.id_cliente, p.categoria
ORDER BY COUNT(*) DESC
LIMIT 1
```

```sql
) subconsulta
WHERE pc.id_cliente = p_id_cliente;
END;
$$;
```

Reportes Útiles

Reporte de Actividad Mensual

```sql
SELECT
DATE_TRUNC('month', fecha_venta) as mes,
COUNT(DISTINCT id_cliente) as clientes_activos,
SUM(monto_total) as ventas_totales,
SUM(monto_total) / COUNT(DISTINCT id_cliente) as venta_promedio_cliente
FROM ventas
GROUP BY DATE_TRUNC('month', fecha_venta)
ORDER BY mes DESC;
```

Análisis de Retención

```sql
WITH meses_actividad AS (
SELECT
id_cliente,
DATE_TRUNC('month', fecha_venta) as mes
FROM ventas
GROUP BY id_cliente, DATE_TRUNC('month', fecha_venta)
)
SELECT
COUNT(DISTINCT id_cliente) as total_clientes,
COUNT(DISTINCT CASE
WHEN mes >= CURRENT_DATE - INTERVAL '1 month'
THEN id_cliente END) as activos_ultimo_mes,
COUNT(DISTINCT CASE
WHEN mes >= CURRENT_DATE - INTERVAL '3 months'
THEN id_cliente END) as activos_ultimo_trimestre
FROM meses_actividad;
```

Conclusión

Una gestión efectiva de clientes requiere una combinación de:

Estructura de datos bien diseñada

Procesos automatizados de mantenimiento

Análisis regular del comportamiento del cliente

Sistema de seguimiento y alertas

Reportes claros y accionables

En el próximo capítulo, exploraremos otro caso práctico enfocado en la gestión de inventario.

Recuerda: La clave para una gestión exitosa de clientes es mantener los datos limpios y actualizados, y tener procesos automatizados que nos ayuden a identificar tanto oportunidades como riesgos.

# 29. Índices y Optimización

Los índices son estructuras fundamentales para optimizar el rendimiento de una base de datos. En este capítulo, aprenderemos cómo crear y utilizar índices efectivamente, y exploraremos otras técnicas de optimización esenciales.

¿Qué es un Índice?

Un índice en una base de datos es similar al índice de un libro: nos permite encontrar información rápidamente sin tener que revisar cada página. En términos técnicos, un índice es una estructura de datos que mejora la velocidad de recuperación de registros a cambio de espacio en disco y tiempo de escritura adicional.

Tipos de Índices

Índice B-Tree (Predeterminado)

El más común y versátil:

```
CREATE INDEX idx_productos_nombre
ON productos(nombre_producto);
```

Índice Único

Garantiza valores únicos en una columna:

```
CREATE UNIQUE INDEX idx_clientes_email
ON clientes(email);
```

Índice Compuesto

Incluye múltiples columnas:

```
CREATE INDEX idx_ventas_fecha_cliente
ON ventas(fecha_venta, id_cliente);
```

Índice Parcial

Solo indexa registros que cumplen cierta condición:

```
CREATE INDEX idx_productos_agotados
ON productos(id_producto)
WHERE stock = 0;
```

Índice de Texto Completo

Para búsquedas en texto:

```sql
CREATE INDEX idx_productos_descripcion_fulltext
ON productos USING GIN (to_tsvector('spanish', descripcion));
```

Cuándo Crear Índices

Claves Primarias (automático en la mayoría de los sistemas)

Claves Foráneas

Columnas frecuentemente usadas en WHERE

Columnas usadas en JOIN

Columnas frecuentemente usadas en ORDER BY

Columnas usadas en GROUP BY

Ejemplo de Índices Básicos:

```sql
—Índice para búsquedas por marca
CREATE INDEX idx_productos_marca
ON productos(marca);
—Índice para ordenar por precio
CREATE INDEX idx_productos_precio
ON productos(precio);
—Índice compuesto para búsquedas frecuentes
CREATE INDEX idx_ventas_cliente_fecha
ON ventas(id_cliente, fecha_venta);
```

Cuándo NO Crear Índices

Tablas muy pequeñas

Columnas con muchas actualizaciones

Columnas con muchos valores NULL

Columnas con poca selectividad

Columnas raramente usadas en consultas

Análisis de Consultas

EXPLAIN ANALYZE nos ayuda a entender cómo se ejecutan las consultas:

```sql
EXPLAIN ANALYZE
SELECT * FROM productos
WHERE marca = 'Samsung'
AND precio > 10000;
```

Interpretando el Plan de Ejecución:

Seq Scan: lectura secuencial (mala)

Index Scan: uso de índice (buena)

Bitmap Scan: uso de índice para acceso aleatorio

Tiempo de ejecución estimado y real

Optimización de Consultas

Evitar SELECT *

Malo:

SELECT * FROM productos;

Bueno:

SELECT id_producto, nombre_producto, precio

FROM productos;

Usar Índices Efectivamente

Malo:

SELECT * FROM productos WHERE UPPER(marca) = 'SAMSUNG';

Bueno:

SELECT * FROM productos WHERE marca = 'Samsung';

Evitar Funciones en WHERE

Malo:

WHERE DATE_TRUNC('month', fecha_venta) = '2024-03-01';

Bueno:

WHERE fecha_venta >= '2024-03-01'

AND fecha_venta < '2024-04-01';

Mantenimiento de Índices

Reconstruir Índices Fragmentados:

REINDEX TABLE productos;

Actualizar Estadísticas:

ANALYZE productos;

Monitorear Uso de Índices:

SELECT

schemaname || '.' || tablename as tabla,

```sql
indexname as indice,
idx_scan as numero_escaneos,
idx_tup_read as tuplas_leidas,
idx_tup_fetch as tuplas_obtenidas
FROM pg_stat_user_indexes
ORDER BY idx_scan DESC;
```

Optimización de Tablas Grandes

Particionamiento

Dividir tablas grandes en partes más manejables:

```sql
CREATE TABLE ventas (
id_venta INTEGER,
fecha_venta DATE,
monto DECIMAL(10,2)
) PARTITION BY RANGE (fecha_venta);
CREATE TABLE ventas_2024_q1 PARTITION OF ventas
FOR VALUES FROM ('2024-01-01') TO ('2024-04-01');
```

Materialización de Vistas

Para consultas complejas frecuentes:

```sql
CREATE MATERIALIZED VIEW mv_resumen_ventas AS
SELECT
DATE_TRUNC('month', fecha_venta) as mes,
SUM(monto_total) as total_ventas
FROM ventas
GROUP BY DATE_TRUNC('month', fecha_venta)
WITH DATA;
```

Tablas de Resumen

Para datos históricos:

```sql
CREATE TABLE resumen_ventas_diario AS
SELECT
fecha_venta::DATE,
COUNT(*) as total_transacciones,
SUM(monto_total) as total_ventas
```

```
FROM ventas
GROUP BY fecha_venta::DATE;
```

Mejores Prácticas

Monitoreo Regular

. . . .

IDENTIFICAR CONSULTAS lentas

Revisar uso de índices

Verificar fragmentación

. . . .

MANTENIMIENTO PROACTIVO

. . . .

RECONSTRUIR ÍNDICES regularmente

Actualizar estadísticas

Limpiar datos antiguos

. . . .

DISEÑO INTELIGENTE

. . . .

NORMALIZACIÓN APROPIADA

Tipos de datos correctos

Restricciones adecuadas

Casos Prácticos de Optimización

Optimizar Búsqueda de Productos:

—Antes

```
SELECT * FROM productos WHERE
LOWER(nombre_producto) LIKE '%tv%';
```

—Después

```sql
CREATE INDEX idx_productos_nombre_lower
ON productos(LOWER(nombre_producto));
SELECT * FROM productos WHERE
LOWER(nombre_producto) LIKE '%tv%';
```

Mejorar Reportes de Ventas:

—Crear índice compuesto

```sql
CREATE INDEX idx_ventas_fecha_producto
ON ventas(fecha_venta, id_producto);
```

—Crear vista materializada

```sql
CREATE MATERIALIZED VIEW mv_ventas_mensuales AS
SELECT
DATE_TRUNC('month', fecha_venta) as mes,
id_producto,
SUM(cantidad) as unidades_vendidas,
SUM(monto_total) as total_ventas
FROM ventas
GROUP BY DATE_TRUNC('month', fecha_venta),
id_producto
WITH DATA;
```

Optimizar Joins Frecuentes:

```sql
CREATE INDEX idx_ventas_cliente_producto
ON ventas(id_cliente, id_producto);
CREATE INDEX idx_productos_categoria_marca
ON productos(categoria, marca);
```

Herramientas de Monitoreo

Consultas Lentas:

```sql
SELECT
query,
calls,
total_time / 1000 as total_seconds,
mean_time / 1000 as mean_seconds,
rows
```

```
FROM pg_stat_statements
ORDER BY total_time DESC
LIMIT 10;
```

Uso de Índices:

```
SELECT
relname as tabla,
indexrelname as indice,
idx_scan as uso,
idx_tup_read as lecturas,
idx_tup_fetch as obtenciones
FROM pg_stat_user_indexes
ORDER BY idx_scan DESC;
```

Fragmentación de Tablas:

```
SELECT
schemaname,
tablename,
pg_size_pretty(pg_total_relation_size(schemaname || '.' || tablename)) as tamaño_total
FROM pg_tables
WHERE schemaname = 'public'
ORDER BY pg_total_relation_size(schemaname || '.' || tablename) DESC;
```

En el próximo capítulo, exploraremos las funciones de ventana (Window Functions), que nos permitirán realizar análisis más sofisticados de nuestros datos.

Recuerda: La optimización es un proceso continuo. No se trata solo de crear índices, sino de mantener un equilibrio entre rendimiento de lectura y escritura, espacio en disco y complejidad de mantenimiento.

Las vistas en SQL representan una herramienta fundamental para simplificar y optimizar el trabajo con bases de datos, funcionando como tablas virtuales que almacenan el resultado de una consulta. En esencia, una vista es una consulta SQL almacenada que podemos tratar como si fuera una tabla regular, con la diferencia crucial de que no almacena datos físicamente, sino que los obtiene dinámicamente de las tablas base cada vez que se consulta.

La creación de una vista se realiza mediante la sintaxis CREATE VIEW, seguida del nombre que queremos darle a nuestra vista y la consulta SQL que definirá su contenido. Por ejemplo, si trabajamos en una empresa de retail y frecuentemente necesitamos consultar el resumen de ventas por región, podríamos crear una vista así: CREATE VIEW resumen_ventas_regional AS SELECT region, SUM(monto_venta) as total_ventas, COUNT(DISTINCT id_cliente) as total_clientes FROM ventas GROUP BY region. Esta vista nos permitirá acceder a esta información compleja con una simple consulta SELECT * FROM resumen_ventas_regional.

Las vistas ofrecen múltiples ventajas en el contexto empresarial latino. En primer lugar, proporcionan una capa adicional de seguridad, ya que podemos restringir el acceso a ciertas columnas o filas de las tablas base, mostrando solo la información necesaria para cada tipo de usuario. Por ejemplo, podríamos crear una vista que muestre únicamente las ventas de la región específica a la que pertenece cada gerente regional, ocultando datos sensibles de otras áreas.

Otro beneficio significativo es la simplificación de consultas complejas. En lugar de escribir repetidamente JOINs elaborados o subconsultas complicadas, podemos encapsular toda esa lógica en una vista y luego consultarla de manera sencilla. Esto es particularmente útil en empresas latinoamericanas donde los recursos de TI pueden ser limitados, ya que permite que usuarios con conocimientos básicos de SQL puedan acceder a análisis complejos sin necesidad de escribir queries elaborados.

Las vistas también facilitan la mantención de la consistencia en los reportes empresariales. Si múltiples aplicaciones o usuarios necesitan acceder al mismo conjunto de datos procesados de una manera específica, una vista garantiza que todos estén trabajando con exactamente la misma lógica de negocio y los mismos cálculos. Por ejemplo, si definimos una vista para calcular las comisiones de los vendedores, nos aseguramos de que todos los departamentos utilicen la misma fórmula y criterios.

Existen diferentes tipos de vistas en SQL. Las vistas simples son aquellas que se basan en una única tabla y no contienen funciones de agregación ni agrupamiento. Las vistas complejas, por otro lado, pueden involucrar múltiples tablas, funciones de agregación, subconsultas y condiciones elaboradas. También encontramos las vistas materializadas, aunque no todos los sistemas de gestión de bases de datos las soportan. Estas últimas almacenan físicamente los resultados de la consulta y se actualizan periódicamente, lo que puede mejorar significativamente el rendimiento en casos de consultas muy pesadas.

La actualización de datos a través de vistas merece especial atención. Aunque es posible realizar operaciones de INSERT, UPDATE y DELETE a través de vistas, existen ciertas restricciones. Por ejemplo, si nuestra vista incluye funciones de agregación, campos calculados o combina múltiples tablas, es probable que no podamos modificar los datos directamente a través de ella. En estos casos, necesitaremos actualizar las tablas base directamente.

Un aspecto importante a considerar es el impacto en el rendimiento. Aunque las vistas pueden simplificar enormemente nuestro trabajo, debemos ser conscientes de que cada vez que consultamos una vista, SQL ejecuta la consulta subyacente completa. Por lo tanto, si la consulta base es muy compleja o accede a grandes volúmenes de datos, el rendimiento podría verse afectado. En estos casos, las vistas materializadas pueden ser una mejor opción si nuestro sistema las soporta.

La gestión de permisos es otro aspecto donde las vistas brillan especialmente. En lugar de otorgar permisos directamente sobre las tablas base, podemos crear vistas que expongan solo los datos relevantes y otorgar permisos sobre estas vistas. Por ejemplo, en una empresa de servicios financieros, podríamos crear una vista que muestre solo las transacciones del día actual para los ejecutivos de atención al cliente, mientras que los analistas financieros tienen acceso a la tabla completa de transacciones.

Las vistas también son excelentes para manejar la evolución de los sistemas. Si necesitamos modificar la estructura de las tablas base pero tenemos aplicaciones que dependen de la estructura actual, podemos crear vistas que mantengan el formato anterior, permitiendo una migración gradual sin interrumpir las operaciones del negocio. Esto es particularmente valioso en empresas latinoamericanas que pueden estar utilizando sistemas heredados junto con nuevas implementaciones.

Para mantener un sistema organizado, es importante seguir buenas prácticas en la creación y gestión de vistas. Esto incluye nombrarlas de manera descriptiva y consistente, documentar su propósito y lógica, y mantener un inventario actualizado de las vistas existentes y sus dependencias. También es crucial revisar periódicamente el rendimiento de las vistas y optimizar aquellas que se utilizan con mayor frecuencia.

En conclusión, las vistas son una herramienta poderosa que puede simplificar significativamente la gestión y el análisis de datos en entornos empresariales latinos. Proporcionan una capa de abstracción que mejora la seguridad, simplifica las consultas complejas y facilita el mantenimiento de la consistencia en los reportes. Sin embargo, es importante utilizarlas de manera consciente, considerando sus limitaciones y el impacto en el rendimiento. Con una planificación adecuada y siguiendo las mejores prácticas, las vistas pueden convertirse en un componente fundamental de nuestra estrategia de gestión de datos.

# 31. Procedimientos Almacenados Básicos

Los procedimientos almacenados representan una herramienta fundamental en el desarrollo de aplicaciones de bases de datos, especialmente en el contexto empresarial latinoamericano donde la eficiencia y la reutilización de código son cruciales. Un procedimiento almacenado es, en esencia, un conjunto de instrucciones SQL que se almacena en la base de datos y puede ser ejecutado posteriormente mediante una simple llamada.

La sintaxis básica para crear un procedimiento almacenado comienza con CREATE PROCEDURE seguido del nombre del procedimiento y los parámetros que recibirá. Por ejemplo, para crear un procedimiento que calcule el total de ventas de un vendedor específico, podríamos escribir: CREATE PROCEDURE calcular_ventas_vendedor (@id_vendedor INT) AS BEGIN SELECT SUM(monto) FROM ventas WHERE vendedor_id = @id_vendedor END. Este procedimiento puede ser ejecutado posteriormente con una simple instrucción: EXEC calcular_ventas_vendedor 123.

Los procedimientos almacenados ofrecen numerosas ventajas para las empresas latinoamericanas. En primer lugar, mejoran significativamente el rendimiento de las aplicaciones. Cuando se ejecuta un procedimiento almacenado, el plan de ejecución se compila y se almacena en caché, lo que significa que las ejecuciones posteriores son más rápidas. Esto es especialmente valioso en entornos donde los recursos de hardware pueden ser limitados.

La seguridad es otro beneficio crucial. Los procedimientos almacenados permiten implementar una capa adicional de abstracción entre los usuarios y los datos. En lugar de otorgar permisos directos sobre las tablas, podemos restringir el acceso solo a través de procedimientos almacenados específicos. Por ejemplo, un procedimiento para registrar nuevas ventas puede incluir validaciones y reglas de negocio que aseguren la integridad de los datos.

La reutilización de código es particularmente valiosa en el contexto empresarial latino. En lugar de duplicar la misma lógica en diferentes aplicaciones o scripts, podemos centralizar la lógica de negocio en procedimientos almacenados. Por ejemplo, un procedimiento para calcular comisiones puede ser utilizado tanto por el sistema de nómina como por el dashboard de ventas, asegurando consistencia en los cálculos.

Los procedimientos almacenados pueden recibir parámetros de entrada y devolver múltiples conjuntos de resultados. También pueden incluir variables locales, estructuras de control como IF-ELSE y WHILE, y manejo de errores. Por ejemplo, podemos crear un procedimiento que actualice el inventario después de una venta y genere una alerta si el stock cae por debajo del mínimo establecido.

El manejo de transacciones es otro aspecto donde los procedimientos almacenados brillan. Podemos encapsular múltiples operaciones dentro de una transacción, asegurando que todas se completen exitosamente o ninguna se aplique. Esto es crucial en operaciones financieras o de inventario donde la integridad de los datos es fundamental.

Los procedimientos almacenados también facilitan el mantenimiento y la evolución de las aplicaciones. Si necesitamos modificar la lógica de negocio, podemos actualizar el procedimiento almacenado sin necesidad de modificar y redeployar las aplicaciones que lo utilizan. Esto es especialmente valioso en empresas que pueden tener recursos limitados para el desarrollo y mantenimiento de software.

La depuración y el monitoreo se simplifican con los procedimientos almacenados. Podemos incluir logs detallados de las operaciones realizadas, capturar errores específicos y mantener estadísticas de uso. Esto facilita la identificación y resolución de problemas, así como la optimización del rendimiento.

Un aspecto importante a considerar es la modularidad. Podemos crear procedimientos almacenados que se llamen entre sí, permitiendo construir funcionalidad compleja a partir de componentes más simples y reutilizables. Por ejemplo, un procedimiento para cerrar el mes contable podría llamar a varios subprocedimientos para diferentes aspectos del proceso.

La documentación es crucial para el mantenimiento a largo plazo. Es una buena práctica incluir comentarios detallados que expliquen el propósito del procedimiento, los parámetros que recibe, los resultados que devuelve y cualquier consideración especial. Esto facilita que otros desarrolladores puedan entender y mantener el código en el futuro.

Los procedimientos almacenados pueden incluir lógica condicional compleja. Por ejemplo, podemos crear un procedimiento que aplique diferentes reglas de descuento según la región, el tipo de cliente y la temporada del año. Esto permite implementar reglas de negocio sofisticadas de manera centralizada y mantenible.

El manejo de errores en procedimientos almacenados merece especial atención. Podemos utilizar bloques TRY-CATCH para capturar y manejar excepciones de manera controlada, enviando mensajes de error específicos o realizando acciones de recuperación según sea necesario.

Los procedimientos almacenados también pueden ser útiles para tareas de mantenimiento y administración de la base de datos. Podemos crear procedimientos para realizar limpieza de datos, actualizar estadísticas, o generar reportes de auditoría de manera programada.

En conclusión, los procedimientos almacenados son una herramienta esencial en el desarrollo de aplicaciones de bases de datos empresariales. Ofrecen beneficios significativos en términos de rendimiento, seguridad, mantenibilidad y reutilización de código. Para las empresas latinoamericanas, representan una manera eficiente de implementar y mantener lógica de negocio compleja con recursos limitados. Sin embargo, es importante seguir buenas prácticas en su diseño, documentación y mantenimiento para maximizar sus beneficios.

# 32. Caso Práctico: Automatización de Reportes

La automatización de reportes es una necesidad crítica en el ambiente empresarial latinoamericano actual, donde la toma de decisiones basada en datos se ha vuelto fundamental para mantenerse competitivo. En este capítulo práctico, exploraremos cómo implementar un sistema completo de generación automática de reportes utilizando SQL, enfocándonos en casos reales que encontramos en nuestras empresas.

Comenzaremos con un escenario común: una cadena de tiendas regionales necesita generar reportes diarios de ventas, inventario y rendimiento por sucursal. Para automatizar este proceso, crearemos una serie de procedimientos almacenados que trabajarán en conjunto. El primer procedimiento se encargará de recopilar las ventas diarias: CREATE PROCEDURE sp_reporte_ventas_diario AS BEGIN DECLARE @fecha_actual DATE = GETDATE(); SELECT s.nombre_sucursal, COUNT(v.venta_id) as total_transacciones, SUM(v.monto_total) as venta_total FROM ventas v JOIN sucursales s ON v.sucursal_id = s.sucursal_id WHERE CAST(v.fecha_venta AS DATE) = @fecha_actual GROUP BY s.nombre_sucursal ORDER BY venta_total DESC END.

La automatización no se trata solo de generar números; necesitamos crear reportes que sean accionables y fáciles de interpretar. Por esto, implementaremos un sistema de alertas basado en umbrales. Por ejemplo, podemos crear un procedimiento que identifique productos con bajo stock: CREATE PROCEDURE sp_alerta_inventario AS BEGIN SELECT p.nombre_producto, s.nombre_sucursal, i.cantidad_actual FROM inventario i JOIN productos p ON i.producto_id = p.producto_id JOIN sucursales s

ON i.sucursal_id = s.sucursal_id WHERE i.cantidad_actual < i.nivel_minimo ORDER BY i.cantidad_actual ASC END.

Un aspecto crucial de la automatización de reportes es la programación de su ejecución. En la mayoría de los sistemas de gestión de bases de datos, podemos utilizar el programador de tareas (Job Scheduler) para ejecutar nuestros procedimientos en horarios específicos. Por ejemplo, podemos programar el reporte de ventas para que se ejecute automáticamente cada mañana a las 6:00 AM, antes de que los gerentes lleguen a la oficina.

La personalización de los reportes según el rol del usuario es otro aspecto importante. Podemos crear procedimientos que generen diferentes vistas de los mismos datos según el nivel de acceso del usuario. Por ejemplo, un gerente regional verá las cifras de todas las sucursales en su región, mientras que un gerente de sucursal solo verá los datos de su tienda: CREATE PROCEDURE sp_reporte_personalizado @nivel_usuario VARCHAR(20), @region_id INT = NULL, @sucursal_id INT = NULL AS BEGIN IF @nivel_usuario = 'regional' SELECT * FROM vista_ventas_regional WHERE region_id = @region_id ELSE IF @nivel_usuario = 'sucursal' SELECT * FROM vista_ventas_sucursal WHERE sucursal_id = @sucursal_id END.

El formato de salida de los reportes es crucial para su utilidad. Podemos configurar nuestros procedimientos para generar resultados en diferentes formatos: tablas HTML para correos electrónicos, archivos CSV para análisis posteriores, o incluso XML para integración con otros sistemas. Es común implementar un procedimiento que maneje esta conversión de formato: CREATE PROCEDURE sp_exportar_reporte @formato VARCHAR(10), @query NVARCHAR(MAX) AS BEGIN IF @formato = 'CSV' EXEC sp_generar_csv @query ELSE IF @formato = 'HTML' EXEC sp_generar_html @query END.

La gestión de errores es fundamental en la automatización de reportes. Debemos implementar un sistema robusto de logging que registre cualquier fallo en la generación de reportes y notifique a los administradores. Esto puede incluir información sobre errores de ejecución, tiempos de procesamiento y completitud de los datos.

Los reportes históricos y comparativos son especialmente valiosos para el análisis de tendencias. Podemos crear procedimientos que generen automáticamente comparativas mes a mes o año a año: CREATE PROCEDURE sp_comparativa_mensual @mes INT, @año INT AS BEGIN SELECT categoria_producto, SUM(venta_actual.monto) as venta_actual, SUM(venta_anterior.monto) as venta_anterior, (SUM(venta_actual.monto) - SUM(venta_anterior.monto)) / SUM(venta_anterior.monto) * 100 as variacion_porcentual FROM... END.

La optimización del rendimiento es crucial cuando trabajamos con reportes automatizados. Debemos asegurarnos de que nuestros procedimientos utilicen índices apropiados y que las consultas estén optimizadas para manejar grandes volúmenes de datos. Es común implementar estrategias de particionamiento de datos o utilizar tablas temporales para mejorar el rendimiento.

La seguridad de los datos es otra consideración importante. Debemos implementar mecanismos de encriptación para datos sensibles y asegurarnos de que los reportes solo sean accesibles para usuarios autorizados. Esto puede incluir la implementación de firmas digitales o marcas de agua en los reportes generados.

Finalmente, es importante implementar un sistema de retroalimentación que nos permita mejorar continuamente nuestros reportes. Esto puede incluir métricas sobre el uso de los reportes, tiempos de generación y comentarios de los usuarios finales. Esta información nos ayudará a optimizar y adaptar nuestros reportes según las necesidades cambiantes de la empresa.

La automatización de reportes es un proceso continuo que requiere mantenimiento y ajustes regulares. Debemos estar preparados para adaptar nuestros procedimientos a medida que cambien los requerimientos del negocio y surjan nuevas necesidades de análisis de datos. La flexibilidad y la escalabilidad son características clave que debemos considerar en nuestro diseño inicial.

# 33. Triggers: Conceptos Básicos

Los triggers, también conocidos como disparadores, son objetos fundamentales en el mundo de las bases de datos que nos permiten automatizar respuestas a eventos específicos. En el contexto latinoamericano, donde muchas empresas necesitan mantener la integridad de sus datos y automatizar procesos de negocio, los triggers se convierten en herramientas indispensables.

Un trigger es esencialmente un bloque de código SQL que se ejecuta automáticamente en respuesta a ciertos eventos en una tabla de la base de datos. Estos eventos pueden ser operaciones de inserción (INSERT), actualización (UPDATE) o eliminación (DELETE). La belleza de los triggers radica en su capacidad para ejecutar acciones de forma automática, sin requerir intervención manual.

Comencemos con un ejemplo práctico común en nuestras empresas: el control de inventario. Supongamos que necesitamos mantener un registro histórico de todos los cambios en el inventario de una tienda. Podemos crear un trigger que se active cada vez que se modifica la cantidad de un producto: CREATE TRIGGER trg_control_inventario ON productos AFTER UPDATE AS BEGIN INSERT INTO historial_inventario (producto_id, cantidad_anterior, cantidad_nueva, fecha_cambio, usuario) SELECT i.producto_id, d.cantidad, i.cantidad, GETDATE(), SYSTEM_USER FROM inserted i JOIN deleted d ON i.producto_id = d.producto_id END.

Los triggers pueden ser especialmente útiles para mantener la integridad referencial y la consistencia de datos en situaciones que van más allá de las restricciones básicas de las bases de datos. Por ejemplo, en un sistema de facturación, podríamos necesitar actualizar automáticamente el saldo del cliente cada vez que se registra una nueva factura o un pago.

Existen tres momentos principales en los que un trigger puede ejecutarse: BEFORE (antes del evento), AFTER (después del evento) y INSTEAD OF (en lugar del evento). En SQL Server, los triggers más comunes son los AFTER triggers, mientras que en otros sistemas como Oracle, los triggers BEFORE son igualmente populares. La elección del momento dependerá de nuestras necesidades específicas.

Un caso de uso común en empresas latinoamericanas es el control de auditoría. Podemos crear triggers que registren automáticamente quién realizó cambios en datos sensibles y cuándo: CREATE TRIGGER trg_auditoria_empleados ON empleados AFTER UPDATE AS BEGIN INSERT INTO log_auditoria (tabla, accion, campo_modificado, valor_anterior, valor_nuevo, usuario, fecha) SELECT 'empleados', 'UPDATE', COLUMN_NAME, d.valor, i.valor, SYSTEM_USER, GETDATE() FROM inserted i CROSS APPLY (SELECT * FROM deleted) d WHERE i.valor <> d.valor END.

Los triggers también pueden ayudarnos a implementar reglas de negocio complejas. Por ejemplo, en un sistema de ventas, podríamos necesitar verificar que no se vendan productos por debajo del precio mínimo establecido: CREATE TRIGGER trg_validar_precio ON ventas_detalle INSTEAD OF INSERT AS BEGIN IF EXISTS (SELECT 1 FROM inserted i JOIN productos p ON i.producto_id = p.producto_id WHERE i.precio_venta < p.precio_minimo) BEGIN RAISERROR ('No se pueden vender productos por debajo del precio mínimo', 16, 1) ROLLBACK TRANSACTION RETURN END INSERT INTO ventas_detalle SELECT * FROM inserted END.

Es importante mencionar que los triggers deben usarse con precaución, ya que pueden afectar el rendimiento de la base de datos si no están bien diseñados. Un trigger mal implementado puede crear un cuello de botella en operaciones que deberían ser rápidas. Por esto, es crucial seguir algunas buenas prácticas:

Mantener el código del trigger lo más simple y eficiente posible. Evitar operaciones pesadas o loops dentro de los triggers. Considerar el impacto en el rendimiento cuando el trigger se ejecute sobre grandes volúmenes de datos. Documentar adecuadamente el propósito y funcionamiento de cada trigger.

Los triggers también pueden ser útiles para mantener tablas resumen o agregaciones. Por ejemplo, podemos mantener automáticamente actualizado el total de ventas por cliente: CREATE TRIGGER trg_actualizar_total_cliente ON ventas AFTER INSERT AS BEGIN UPDATE clientes SET total_ventas = total_ventas + (SELECT SUM(monto_total) FROM inserted WHERE cliente_id = clientes.cliente_id) WHERE cliente_id IN (SELECT cliente_id FROM inserted) END.

Un aspecto importante a considerar es el manejo de errores dentro de los triggers. Debemos implementar un manejo adecuado de excepciones para evitar que los errores en los triggers afecten la operación normal de la base de datos. Esto puede incluir el uso de TRY-CATCH y el registro apropiado de errores.

Los triggers pueden encadenarse, lo que significa que un trigger puede desencadenar la ejecución de otro trigger. Sin embargo, debemos ser cuidadosos con esto para evitar ciclos infinitos o comportamientos inesperados. SQL Server, por ejemplo, limita la profundidad de anidamiento de triggers a 32 niveles.

En el contexto de aplicaciones empresariales, los triggers son especialmente útiles para mantener la integridad de datos en escenarios donde múltiples aplicaciones o usuarios acceden a la misma base de datos. Pueden actuar como una capa adicional de seguridad y validación, asegurando que todas las modificaciones de datos cumplan con las reglas de negocio establecidas.

Finalmente, es importante mencionar que los triggers no son la única solución para automatizar procesos en una base de datos. En algunos casos, otras alternativas como procedimientos almacenados o restricciones de integridad pueden ser más apropiadas. La decisión de usar triggers debe basarse en un análisis cuidadoso de los requerimientos y considerando factores como rendimiento, mantenibilidad y escalabilidad.

# 34. Manejo de Transacciones

Las transacciones en SQL son fundamentales para mantener la integridad de los datos en nuestras aplicaciones empresariales latinoamericanas. Una transacción es una unidad de trabajo que debe completarse en su totalidad o no realizarse en absoluto, siguiendo el principio de "todo o nada". Este concepto es especialmente relevante en sistemas financieros, de inventario o cualquier aplicación donde múltiples operaciones deben ejecutarse como una unidad atómica.

En el contexto de una empresa latina, imaginemos una transferencia bancaria entre dos cuentas. Esta operación involucra dos pasos críticos: debitar dinero de una cuenta y acreditarlo en otra. Si algo falla durante este proceso, necesitamos asegurarnos de que ninguna de las operaciones se complete parcialmente. Aquí es donde entran las transacciones: BEGIN TRANSACTION TRY UPDATE cuentas SET saldo = saldo - 1000 WHERE cuenta_id = 1; UPDATE cuentas SET saldo = saldo + 1000 WHERE cuenta_id = 2; COMMIT TRANSACTION CATCH BEGIN ROLLBACK TRANSACTION END.

Las transacciones se basan en cuatro propiedades fundamentales conocidas como ACID: Atomicidad, Consistencia, Aislamiento y Durabilidad. La Atomicidad garantiza que todas las operaciones dentro de la transacción se completen o ninguna lo haga. La Consistencia asegura que la base de datos pase de un estado válido a otro estado válido. El Aislamiento previene que las transacciones interfieran entre sí. La Durabilidad garantiza que una vez que una transacción se confirma, los cambios son permanentes.

En el día a día de nuestras empresas, las transacciones son cruciales en múltiples escenarios. Por ejemplo, en un sistema de facturación, cuando generamos una factura, necesitamos actualizar varios elementos simultáneamente: el registro de la factura, el inventario de productos, el saldo del cliente y posiblemente las comisiones de los vendedores. Todo esto debe ocurrir como una única unidad de trabajo.

El control de concurrencia es otro aspecto crucial en el manejo de transacciones. SQL Server y otros sistemas de gestión de bases de datos utilizan diferentes niveles de aislamiento para manejar situaciones donde múltiples usuarios o procesos intentan acceder a los mismos datos simultáneamente. Los niveles más comunes son READ UNCOMMITTED, READ COMMITTED, REPEATABLE READ y SERIALIZABLE, cada uno ofreciendo diferentes compromisos entre consistencia y rendimiento.

Para implementar transacciones efectivamente, es importante entender los comandos básicos: BEGIN TRANSACTION inicia una nueva transacción, COMMIT TRANSACTION confirma los cambios realizados, y ROLLBACK TRANSACTION deshace todos los cambios si algo sale mal. También podemos usar puntos de guardado (SAVE TRANSACTION) para crear puntos de control dentro de una transacción larga, permitiéndonos realizar rollbacks parciales.

Un escenario común en nuestras empresas es el proceso de compra de productos. Necesitamos verificar el inventario, actualizar las cantidades, registrar la orden y actualizar el saldo del cliente. Todo esto debe manejarse como una única transacción: BEGIN TRANSACTION TRY IF EXISTS (SELECT 1 FROM inventario WHERE producto_id = @producto_id AND cantidad >= @cantidad_solicitada) BEGIN UPDATE inventario SET cantidad = cantidad - @cantidad_solicitada WHERE producto_id = @producto_id; INSERT INTO ordenes (cliente_id, producto_id, cantidad, total) VALUES (@cliente_id, @producto_id, @cantidad_solicitada, @total); UPDATE clientes SET saldo = saldo - @total WHERE cliente_id = @cliente_id; COMMIT TRANSACTION END ELSE BEGIN ROLLBACK

TRANSACTION RAISERROR ('Inventario insuficiente', 16, 1) END CATCH BEGIN ROLLBACK TRANSACTION END.

El manejo de errores es crucial en las transacciones. Debemos implementar bloques TRY-CATCH adecuados y asegurarnos de que cualquier error resulte en un ROLLBACK completo de la transacción. También es importante considerar el tiempo de ejecución de las transacciones; las transacciones largas pueden causar problemas de bloqueo y afectar el rendimiento general del sistema.

Las transacciones distribuidas son otro aspecto importante, especialmente en sistemas empresariales que involucran múltiples bases de datos o servicios. SQL Server proporciona el Coordinador de Transacciones Distribuidas (DTC) para manejar transacciones que abarcan múltiples recursos. Sin embargo, debemos ser cautelosos con las transacciones distribuidas debido a su complejidad y potencial impacto en el rendimiento.

En el contexto de aplicaciones web y servicios, es crucial implementar un manejo adecuado de transacciones para mantener la consistencia de los datos incluso en casos de fallos de red o errores de aplicación. Esto puede incluir la implementación de patrones de compensación o el uso de colas de mensajes para operaciones que requieren consistencia eventual.

Las transacciones también juegan un papel importante en la recuperación de desastres. Los logs de transacciones registran todas las modificaciones realizadas en la base de datos, permitiendo la recuperación a un punto específico en el tiempo si es necesario. Por esto, es crucial mantener y respaldar adecuadamente los logs de transacciones.

Finalmente, es importante mencionar que el uso excesivo o inadecuado de transacciones puede impactar negativamente el rendimiento del sistema. Debemos encontrar un balance entre la necesidad de consistencia y el rendimiento, considerando factores como el tiempo de bloqueo, la concurrencia de usuarios y los requisitos específicos de la aplicación.

# 35. Caso Práctico: Sistema de Facturación

En este capítulo práctico, desarrollaremos un sistema de facturación completo que integra los conceptos que hemos aprendido hasta ahora, especialmente el manejo de transacciones. Este sistema será diseñado pensando en las necesidades específicas de pequeñas y medianas empresas latinoamericanas.

Comenzaremos creando las tablas necesarias para nuestro sistema. Necesitamos una estructura que maneje clientes, productos, facturas y detalles de factura. La tabla de clientes almacenará información básica como nombre, dirección, RFC (o documento fiscal según el país), y límite de crédito. La tabla de productos contendrá el catálogo de productos con precios, existencias y códigos de barras. Las tablas de facturas y detalles de factura manejarán las transacciones de venta.

Para implementar este sistema, primero creamos un procedimiento almacenado que maneje la creación de facturas de manera segura y transaccional: CREATE PROCEDURE sp_CrearFactura @ClienteID int, @Items FacturaDetalleType READONLY, @FacturaID int OUTPUT AS BEGIN TRANSACTION TRY DECLARE @Total decimal(18,2) = 0; SELECT @Total = SUM(Cantidad * Precio) FROM @Items; INSERT INTO Facturas (ClienteID, Fecha, Total, Estado) VALUES (@ClienteID, GETDATE(), @Total, 'ACTIVA'); SET @FacturaID = SCOPE_IDENTITY();

Este procedimiento utiliza una tabla tipo personalizada (FacturaDetalleType) para recibir los items de la factura como un parámetro. Esto nos permite procesar múltiples productos en una sola transacción. El manejo de errores es crucial aquí, ya que debemos verificar el límite de crédito del cliente, la disponibilidad de inventario y actualizar múltiples tablas de manera atómica.

La validación del límite de crédito se realiza consultando el saldo actual del cliente y comparándolo con el nuevo total: DECLARE

@CreditoDisponible decimal(18,2); SELECT @CreditoDisponible = LimiteCredito - SaldoActual FROM Clientes WHERE ClienteID = @ClienteID; IF @Total > @CreditoDisponible BEGIN ROLLBACK TRANSACTION; THROW 50001, 'El monto excede el límite de crédito disponible', 1; RETURN; END

Para cada item en la factura, debemos verificar y actualizar el inventario: INSERT INTO FacturaDetalles (FacturaID, ProductoID, Cantidad, Precio) SELECT @FacturaID, ProductoID, Cantidad, Precio FROM @Items; UPDATE Inventario SET Existencias = Existencias - i.Cantidad FROM Inventario inv INNER JOIN @Items i ON inv.ProductoID = i.ProductoID WHERE inv.Existencias >= i.Cantidad;

El sistema también debe manejar impuestos y descuentos. En Latinoamérica, cada país tiene diferentes requisitos fiscales. Por ejemplo, en México necesitamos manejar el IVA y generar el CFDI correspondiente. Podemos agregar una tabla de configuración fiscal que nos permita adaptar el sistema según el país: CREATE TABLE ConfiguracionFiscal (PaisID int, ImpuestoNombre varchar(50), PorcentajeImpuesto decimal(5,2), RequiereFacturacionElectronica bit).

La generación de documentos fiscales electrónicos varía según el país, pero podemos crear una estructura base que luego se personalice: CREATE PROCEDURE sp_GenerarDocumentoFiscal @FacturaID int AS BEGIN DECLARE @PaisID int = (SELECT PaisID FROM ConfiguracionEmpresa); IF EXISTS (SELECT 1 FROM ConfiguracionFiscal WHERE PaisID = @PaisID AND RequiereFacturacionElectronica = 1) BEGIN—Lógica específica para cada país END

El sistema debe incluir también la capacidad de generar notas de crédito y manejar devoluciones. Esto requiere otro procedimiento almacenado que reverse la factura original y actualice el inventario: CREATE PROCEDURE sp_CrearNotaCredito @FacturaID int,

@Motivo varchar(200) AS BEGIN TRANSACTION TRY INSERT INTO NotasCredito (FacturaID, Fecha, Motivo) VALUES (@FacturaID, GETDATE(), @Motivo);

Para facilitar el análisis financiero, implementamos vistas que muestren información relevante como ventas por período, productos más vendidos y estado de cuenta de clientes: CREATE VIEW vw_VentasPorPeriodo AS SELECT CONVERT(date, F.Fecha) AS Fecha, COUNT(DISTINCT F.FacturaID) AS NumeroFacturas, SUM(F.Total) AS TotalVentas FROM Facturas F GROUP BY CONVERT(date, F.Fecha);

La impresión de facturas es otro aspecto importante. Creamos un procedimiento que genere un formato estándar pero configurable: CREATE PROCEDURE sp_ImprimirFactura @FacturaID int AS BEGIN SELECT F.FacturaID, F.Fecha, C.Nombre AS Cliente, C.RFC, P.Descripcion, FD.Cantidad, FD.Precio, (FD.Cantidad * FD.Precio) AS Subtotal FROM Facturas F INNER JOIN Clientes C ON F.ClienteID = C.ClienteID INNER JOIN FacturaDetalles FD ON F.FacturaID = FD.FacturaID INNER JOIN Productos P ON FD.ProductoID = P.ProductoID WHERE F.FacturaID = @FacturaID;

El sistema debe manejar diferentes formas de pago y sus particularidades. Por ejemplo, para pagos con tarjeta necesitamos almacenar información adicional: CREATE TABLE PagosFactura (PagoID int IDENTITY(1,1), FacturaID int, FormaPago varchar(50), Monto decimal(18,2), ReferenciaPago varchar(100), FechaPago datetime).

Finalmente, implementamos reportes de cierre diario y mensual que ayuden en la contabilidad: CREATE PROCEDURE sp_GenerarCierreDiario @Fecha date AS BEGIN SELECT FormaPago, COUNT(*) AS NumeroTransacciones, SUM(Monto) AS TotalPagos FROM PagosFactura WHERE CONVERT(date, FechaPago) = @Fecha GROUP BY FormaPago;

Este sistema de facturación, aunque básico, proporciona una base sólida que puede expandirse según las necesidades específicas de cada empresa. La clave está en mantener la integridad de los datos mediante transacciones bien diseñadas y proporcionar la flexibilidad necesaria para adaptarse a diferentes requisitos fiscales y operativos de cada país latinoamericano.

Los constraints y claves son elementos fundamentales en el diseño de bases de datos que garantizan la integridad y consistencia de nuestra información. En el contexto latinoamericano, donde muchas empresas están migrando de sistemas manuales o hojas de cálculo a bases de datos estructuradas, entender estos conceptos es crucial para mantener la calidad de los datos empresariales.

Comencemos con las claves primarias (PRIMARY KEY), que son el identificador único de cada registro en una tabla. En el contexto de una empresa latina, podríamos usar el número de documento de identidad como clave primaria para empleados, pero esto no siempre es la mejor práctica. Es preferible usar un identificador autoincrementable que no dependa de datos personales que podrían cambiar o variar entre países. Por ejemplo, en una tabla de empleados: CREATE TABLE Empleados (EmpleadoID INT IDENTITY(1,1) PRIMARY KEY, DocumentoIdentidad VARCHAR(20), Nombres VARCHAR(50), Apellidos VARCHAR(50)).

Las claves foráneas (FOREIGN KEY) establecen relaciones entre tablas, manteniendo la integridad referencial. Por ejemplo, en un sistema de ventas típico de una PyME latina, necesitamos relacionar las ventas con los clientes y productos: CREATE TABLE Ventas (VentaID INT PRIMARY KEY, ClienteID INT FOREIGN KEY REFERENCES Clientes(ClienteID), Fecha DATE, Total DECIMAL(10,2)). Esta restricción nos asegura que no podemos registrar una venta para un cliente que no existe en nuestra base de datos.

El constraint UNIQUE nos permite asegurar que ciertos valores no se repitan en una columna o conjunto de columnas. Esto es especialmente útil para campos como RFC en México, RUT en Chile, o CUIT en Argentina: ALTER TABLE Clientes ADD CONSTRAINT UQ_DocumentoFiscal UNIQUE

(DocumentoFiscal). De esta manera, evitamos duplicados en documentos fiscales que podrían causar problemas legales y contables.

El constraint CHECK nos permite establecer reglas de validación personalizadas. En el contexto latinoamericano, donde manejamos diferentes monedas y tipos de cambio, podríamos necesitar validar que los montos estén dentro de rangos razonables: ALTER TABLE Productos ADD CONSTRAINT CHK_Precio CHECK (Precio > 0 AND Precio < 1000000). Esto evita errores de captura que podrían afectar seriamente nuestros cálculos financieros.

El constraint DEFAULT nos permite establecer valores predeterminados cuando no se especifica un valor al insertar datos. Por ejemplo, en una tabla de pedidos podríamos establecer automáticamente el estado inicial: ALTER TABLE Pedidos ADD CONSTRAINT DF_Estado DEFAULT 'Pendiente' FOR Estado. Esto es particularmente útil en sistemas de gestión donde necesitamos mantener un flujo de trabajo consistente.

Las restricciones NOT NULL son fundamentales para asegurar que los campos críticos siempre contengan información. En un sistema de facturación, por ejemplo, necesitamos garantizar que cada factura tenga una fecha y un cliente asociado: CREATE TABLE Facturas (FacturaID INT PRIMARY KEY, ClienteID INT NOT NULL FOREIGN KEY REFERENCES Clientes(ClienteID), Fecha DATE NOT NULL).

Los constraints compuestos nos permiten crear reglas más complejas que involucran múltiples columnas. Por ejemplo, en una tabla de precios por región, podríamos necesitar asegurar que la combinación de producto y región sea única: ALTER TABLE PreciosRegionales ADD CONSTRAINT UQ_ProductoRegion UNIQUE (ProductoID, RegionID).

Es importante considerar el impacto en el rendimiento al implementar constraints. Por ejemplo, en una tabla de transacciones con alto volumen de inserciones, debemos evaluar cuidadosamente qué restricciones son absolutamente necesarias, ya que cada una añade una capa adicional de validación que puede afectar el rendimiento.

También debemos considerar la gestión de errores cuando se violan los constraints. En aplicaciones empresariales latinoamericanas, es común necesitar mensajes de error en español que sean claros para los usuarios finales. Podemos manejar esto a través de TRY-CATCH blocks que capturen las violaciones de constraints y proporcionen mensajes apropiados.

Las claves compuestas son otro concepto importante, especialmente en tablas de relación muchos a muchos. Por ejemplo, en una tabla que relacione empleados con proyectos: CREATE TABLE EmpleadosProyectos (EmpleadoID INT, ProyectoID INT, FechaAsignacion DATE, PRIMARY KEY (EmpleadoID, ProyectoID)).

La modificación de constraints existentes requiere cuidado especial, especialmente en sistemas en producción. Es recomendable verificar primero los datos existentes para asegurar que cumplen con las nuevas restricciones: SELECT * FROM Productos WHERE Precio <= 0 OR Precio >= 1000000, antes de agregar un nuevo CHECK constraint.

Los constraints temporales son útiles durante procesos de migración o limpieza de datos. Podemos deshabilitarlos temporalmente para cargas masivas y rehabilitarlos después: ALTER TABLE Ventas NOCHECK CONSTRAINT FK_Ventas_Clientes;—Realizar operaciones—ALTER TABLE Ventas CHECK CONSTRAINT FK_Ventas_Clientes.

En bases de datos distribuidas o con réplicas, común en empresas con múltiples sucursales, debemos considerar cómo los constraints afectan la sincronización de datos. Algunas restricciones podrían necesitar ser manejadas a nivel de aplicación en lugar de a nivel de base de datos.

Finalmente, es crucial documentar todos los constraints implementados, especialmente en sistemas que serán mantenidos por diferentes equipos de desarrollo. Una buena práctica es mantener un diccionario de datos que incluya todas las restricciones y su propósito comercial.

# 37. Normalización de Bases de Datos

La normalización de bases de datos es un proceso fundamental que todo profesional latinoamericano trabajando con datos debe dominar. En nuestro contexto regional, donde muchas empresas están en proceso de modernización digital, entender y aplicar correctamente la normalización puede significar la diferencia entre un sistema eficiente y uno problemático.

Comencemos entendiendo qué es la normalización. En esencia, es un proceso sistemático para organizar los datos de manera que minimicemos la redundancia y mantengamos la integridad de la información. En América Latina, donde muchas empresas comienzan con sistemas improvisados en hojas de cálculo, la transición a una base de datos normalizada puede parecer abrumadora, pero es crucial para el crecimiento sostenible.

La Primera Forma Normal (1FN) establece que cada columna debe contener valores atómicos (indivisibles) y no debe haber grupos repetitivos. Un error común en nuestras empresas es almacenar múltiples teléfonos o direcciones en una misma columna, separados por comas. Por ejemplo, en vez de tener una columna "Telefonos" con valores como "555-1234, 555-5678", debemos crear una tabla separada para los teléfonos, donde cada registro contenga un único número.

La Segunda Forma Normal (2FN) requiere que la tabla esté en 1FN y que todos los atributos no clave dependan completamente de la clave primaria. En el contexto de una distribuidora latinoamericana, por ejemplo, si tenemos una tabla de pedidos con información del producto (como el nombre del proveedor), esta información debería estar en una tabla separada de productos, ya que el proveedor depende del producto, no del pedido en sí.

La Tercera Forma Normal (3FN) exige que la tabla esté en 2FN y que no existan dependencias transitivas entre los atributos no clave. Por ejemplo, en una tabla de empleados, el código postal no debería estar junto con la ciudad y el estado, ya que el código postal determina estos valores. Esta situación es común en sistemas de recursos humanos en América Latina, donde la información de ubicación suele estar redundante.

La Forma Normal de Boyce-Codd (BCNF) es una versión más estricta de la 3FN. Aunque en la práctica muchas bases de datos latinoamericanas no llegan a este nivel, es importante entenderla para casos específicos donde la integridad de los datos es crítica, como en sistemas bancarios o de salud.

Un aspecto crucial en la normalización es el balance entre teoría y práctica. En algunos casos, una desnormalización controlada puede ser beneficiosa. Por ejemplo, en sistemas de facturación electrónica, comunes en países como México, Brasil y Argentina, podríamos mantener cierta información redundante para cumplir con requisitos legales o mejorar el rendimiento de consultas frecuentes.

La normalización también debe considerar las particularidades de cada país. Por ejemplo, en sistemas que manejan direcciones, la estructura puede variar significativamente entre países latinoamericanos. En México podríamos necesitar campos para colonia y delegación, mientras que en Argentina necesitaríamos campos para localidad y partido.

Un error común es intentar normalizar demasiado. Por ejemplo, en un sistema de inventario para una PyME, normalizar hasta la quinta forma normal podría crear una complejidad innecesaria que dificulte el mantenimiento y ralentice las consultas comunes. La clave está en encontrar el equilibrio adecuado para cada caso.

La normalización también debe considerar el crecimiento futuro. En América Latina, donde muchas empresas están en rápida expansión, es crucial diseñar esquemas que puedan adaptarse a nuevos requerimientos. Por ejemplo, si comenzamos con operaciones en un solo país, pero planeamos expandirnos regionalmente, debemos considerar cómo manejaremos diferentes monedas, impuestos y regulaciones.

El proceso de normalización debe ir acompañado de una estrategia de migración de datos. Muchas empresas latinoamericanas tienen años de información en sistemas legacy o hojas de cálculo. La transición a una estructura normalizada debe planificarse cuidadosamente para evitar pérdida de información histórica.

La documentación del proceso de normalización es fundamental. En nuestro contexto regional, donde es común la rotación de personal técnico, tener bien documentadas las decisiones de diseño y las dependencias entre tablas facilitará el mantenimiento futuro del sistema.

También es importante considerar el impacto de la normalización en el desarrollo de aplicaciones. Un esquema bien normalizado puede requerir más JOINs en las consultas, lo que debe balancearse con el rendimiento requerido por la aplicación. En sistemas web, comunes en empresas latinoamericanas modernas, esto puede afectar los tiempos de respuesta.

La normalización debe considerar también aspectos culturales y lingüísticos propios de América Latina. Por ejemplo, en sistemas que manejan nombres de personas, debemos considerar los casos de nombres compuestos, apellidos maternos, y caracteres especiales como ñ o acentos.

Al implementar la normalización, es crucial mantener la integridad referencial mediante el uso apropiado de claves foráneas y constraints. Esto es especialmente importante en sistemas que manejan información crítica como datos financieros o registros médicos, comunes en grandes organizaciones latinoamericanas.

Finalmente, la normalización debe verse como un proceso continuo. A medida que las necesidades del negocio evolucionan, pueden surgir nuevos requerimientos que necesiten ajustes en el esquema de la base de datos. La clave está en mantener un diseño flexible que pueda adaptarse a estos cambios sin comprometer la integridad de los datos.

# 38. Caso Práctico: Diseño de Base de Datos para PyME

En este capítulo práctico, abordaremos el diseño completo de una base de datos para una PyME latinoamericana típica, aplicando los conceptos de normalización que hemos aprendido. Tomaremos como ejemplo el caso de "Distribuidora González", una empresa familiar de distribución de productos alimenticios que necesita modernizar su gestión de datos.

Inicialmente, la empresa manejaba toda su información en hojas de Excel, con múltiples archivos desconectados: una hoja para clientes, otra para inventario, otra para facturas, y así sucesivamente. Esta situación es común en muchas PyMEs latinoamericanas, donde la transformación digital ocurre gradualmente. El primer paso fue identificar todas las entidades principales del negocio y sus relaciones.

La estructura principal de la base de datos se diseñó considerando las siguientes tablas fundamentales: Clientes, Productos, Proveedores, Ventas, DetalleVentas, Inventario, Empleados, y Rutas de Distribución. Cada una de estas tablas fue cuidadosamente normalizada para evitar redundancias y mantener la integridad de los datos.

Para la tabla Clientes, consideramos las particularidades de las direcciones en México, incluyendo campos como colonia, municipio, y código postal. También se creó una tabla separada para los múltiples teléfonos de contacto que puede tener cada cliente, cumpliendo con la primera forma normal. El esquema quedó así:

La tabla Productos se diseñó considerando las necesidades específicas del mercado de alimentos, incluyendo campos para el control de caducidad, condiciones de almacenamiento, y códigos de barras. Se estableció una relación con la tabla Categorías para clasificar los productos, y otra con Proveedores para mantener la información de suministro.

El manejo de inventario requirió especial atención debido a la naturaleza perecedera de los productos. Se implementó un sistema de lotes con fechas de caducidad y un control de almacenes múltiples, ya que la empresa opera desde varios puntos de distribución. Cada movimiento de inventario se registra en una tabla de transacciones, permitiendo una trazabilidad completa.

Las ventas se estructuraron en dos tablas principales: Ventas para la información de cabecera (fecha, cliente, vendedor, total) y DetalleVentas para los productos individuales de cada venta. Esta separación permite un mejor manejo de las facturas y facilita la generación de reportes de ventas por período, vendedor o cliente.

Para el manejo de empleados, se consideraron las regulaciones laborales mexicanas, incluyendo campos para CURP, RFC, y número de seguro social. También se creó una tabla separada para el registro de comisiones, vinculada tanto a los empleados como a las ventas.

Las rutas de distribución se modelaron considerando la realidad logística de la ciudad, con tablas para zonas de reparto, vehículos, y programación de entregas. Esta estructura permite optimizar las rutas y mejorar los tiempos de entrega, un factor crítico en el negocio de distribución de alimentos.

Un aspecto importante fue el manejo de precios y descuentos. Se creó una estructura flexible que permite manejar precios diferentes por cliente o por volumen de compra, así como promociones temporales. Esto refleja la realidad del mercado latinoamericano, donde la negociación de precios es común.

Para el control de cuentas por cobrar y pagar, se diseñaron tablas que registran los movimientos financieros, incluyendo facturas, pagos parciales, y métodos de pago. Esta estructura permite un seguimiento detallado del flujo de efectivo, crucial para una PyME.

La implementación incluyó la creación de índices estratégicos para optimizar las consultas más frecuentes, como búsquedas por nombre de cliente, código de producto, o rango de fechas en ventas. También se establecieron vistas para simplificar los reportes más comunes.

Se implementaron triggers para mantener automáticamente actualizados los saldos de inventario y las cuentas por cobrar. Estos automatismos reducen errores y mantienen la consistencia de los datos en tiempo real.

La seguridad se configuró con diferentes niveles de acceso: administradores, supervisores, vendedores, y personal de almacén. Cada rol tiene permisos específicos acordes a sus responsabilidades, protegiendo la información sensible del negocio.

El proceso de migración desde las hojas de Excel se realizó por fases, comenzando con los catálogos básicos (clientes, productos) y avanzando hacia los datos transaccionales. Se desarrollaron procedimientos de validación para asegurar la integridad de los datos migrados.

La documentación del sistema incluye diagramas entidad-relación, diccionario de datos, y procedimientos operativos, todo en español y adaptado al contexto de la empresa. Esta documentación es crucial para el mantenimiento y la capacitación de nuevo personal.

El resultado final es una base de datos robusta pero práctica, que equilibra la necesidad de normalización con la realidad operativa de una PyME latinoamericana. El sistema ha permitido a Distribuidora González mejorar su eficiencia operativa, reducir errores, y obtener información valiosa para la toma de decisiones.

Este caso práctico demuestra cómo los principios de diseño de bases de datos pueden aplicarse efectivamente en el contexto de una PyME latinoamericana, creando una solución que no solo resuelve las necesidades actuales sino que también permite el crecimiento futuro del negocio.

# 39. Exportación e Importación de Datos

La exportación e importación de datos es una tarea fundamental en el manejo de bases de datos SQL, especialmente en el contexto latinoamericano donde frecuentemente necesitamos intercambiar información entre diferentes sistemas o realizar migraciones de datos. En este capítulo, exploraremos las diferentes técnicas y herramientas disponibles para realizar estas operaciones de manera eficiente y segura.

El comando BULK INSERT es una de las herramientas más poderosas para la importación masiva de datos en SQL Server. Este comando permite cargar datos desde archivos de texto plano directamente a las tablas de la base de datos. Por ejemplo, si tenemos un archivo CSV con datos de ventas, podemos importarlo utilizando una sintaxis como: BULK INSERT Ventas FROM 'C:\datos\ventas.csv' WITH (FIRSTROW = 2, FIELDTERMINATOR = ',', ROWTERMINATOR = '\n'). Este comando es particularmente útil cuando trabajamos con grandes volúmenes de datos provenientes de sistemas legacy o exportaciones de otras aplicaciones.

Para la exportación de datos, SQL Server proporciona varias opciones. El comando bcp (bulk copy program) permite exportar resultados de consultas a archivos de texto. También podemos utilizar la función INTO OUTFILE en MySQL o COPY TO en PostgreSQL para exportar datos a archivos CSV. Estas herramientas son especialmente útiles cuando necesitamos compartir información con otros departamentos que utilizan Excel u otras aplicaciones de análisis de datos.

Los archivos XML son otro formato común para el intercambio de datos. SQL Server incluye funciones específicas para trabajar con XML, permitiendo tanto la importación como la exportación de datos en este formato. Por ejemplo, podemos usar FOR XML PATH para generar salidas XML personalizadas, o OPENXML para importar datos desde archivos XML estructurados.

En el contexto de las empresas latinoamericanas, es común encontrar sistemas heredados que utilizan formatos propietarios o bases de datos antiguas. Para estos casos, las herramientas de Integration Services (SSIS) en SQL Server o herramientas similares en otros sistemas de gestión de bases de datos pueden ser invaluables. Estas herramientas permiten crear flujos de trabajo complejos para la transformación y carga de datos desde múltiples fuentes.

La importación de datos desde Excel es una necesidad frecuente en nuestro entorno empresarial. Podemos utilizar los proveedores de datos de Microsoft.ACE.OLEDB para conectar directamente con archivos Excel y importar sus datos mediante consultas SQL. Sin embargo, es importante considerar la limpieza y validación de los datos antes de su importación, ya que los archivos Excel suelen contener inconsistencias o errores de formato.

Los archivos JSON se han vuelto cada vez más importantes en la era de las API web. Las versiones modernas de SQL Server incluyen funciones para trabajar con JSON, permitiendo tanto la importación como la exportación de datos en este formato. Esto es particularmente útil cuando necesitamos integrar nuestras bases de datos con aplicaciones web o servicios en la nube.

Para manejar caracteres especiales y acentos, comunes en español, es crucial configurar correctamente los parámetros de codificación durante la importación y exportación. UTF-8 es generalmente la mejor opción para manejar caracteres latinos, pero debemos asegurarnos de que tanto el origen como el destino de los datos utilicen la misma codificación.

Las operaciones de importación y exportación pueden consumir muchos recursos del servidor, por lo que es importante planificarlas adecuadamente. Es recomendable realizar estas operaciones durante períodos de baja actividad y considerar la fragmentación de grandes conjuntos de datos en lotes más pequeños para un mejor rendimiento.

La validación de datos es crucial durante estos procesos. Debemos implementar verificaciones para asegurar que los datos importados cumplan con las restricciones de integridad de nuestra base de datos. Esto puede incluir la verificación de tipos de datos, rangos válidos, y relaciones entre tablas.

Para automatizar estos procesos, podemos crear procedimientos almacenados que manejen la importación y exportación regular de datos. Por ejemplo, podemos programar la exportación nocturna de datos de ventas para análisis o la importación automática de actualizaciones de precios de proveedores.

El manejo de errores durante estos procesos es fundamental. Debemos implementar mecanismos para registrar y notificar cualquier problema durante la importación o exportación, permitiendo una rápida identificación y resolución de issues. Esto puede incluir el uso de tablas de log y notificaciones por correo electrónico.

Las consideraciones de seguridad son especialmente importantes cuando trabajamos con importación y exportación de datos. Debemos asegurarnos de que solo los usuarios autorizados puedan realizar estas operaciones y que los archivos de datos estén adecuadamente protegidos tanto en origen como en destino.

En el caso de migraciones de datos entre diferentes sistemas de gestión de bases de datos, debemos considerar las diferencias en tipos de datos y sintaxis. Herramientas como SSMA (SQL Server Migration Assistant) pueden ayudar a convertir esquemas y datos entre diferentes plataformas.

Finalmente, es importante mantener un registro detallado de todas las operaciones de importación y exportación, incluyendo fechas, usuarios, cantidad de registros procesados y cualquier error encontrado. Esta documentación es vital para el seguimiento y la auditoría de los movimientos de datos.

La exportación e importación de datos es una habilidad esencial para cualquier profesional de bases de datos en Latinoamérica, donde frecuentemente necesitamos integrar datos de múltiples fuentes y sistemas. Dominando estas técnicas, podemos asegurar una gestión eficiente y confiable de la información en nuestras organizaciones.

# 40. Respaldos y Recuperación

Los respaldos y la recuperación de bases de datos son aspectos críticos en la administración de sistemas SQL, especialmente en el contexto empresarial latinoamericano donde la continuidad del negocio y la protección de datos son prioritarias. La pérdida de información puede resultar catastrófica para cualquier organización, desde pequeñas empresas familiares hasta grandes corporaciones.

En SQL Server, existen varios tipos de respaldos que debemos conocer. El respaldo completo (Full Backup) es el más básico y esencial, capturando una imagen completa de la base de datos en un momento específico. Este tipo de respaldo se realiza típicamente utilizando el comando BACKUP DATABASE [NombreBaseDatos] TO DISK = 'C:\Respaldos\backup.bak'. Es recomendable realizar respaldos completos regularmente, especialmente en bases de datos pequeñas y medianas donde el tiempo de respaldo no es un factor limitante.

Los respaldos diferenciales complementan al respaldo completo, guardando solo los cambios realizados desde el último respaldo completo. Esta estrategia es particularmente útil en bases de datos grandes donde realizar respaldos completos diarios no es práctico. Los respaldos diferenciales son más rápidos y requieren menos espacio de almacenamiento, pero la recuperación puede ser más compleja ya que necesitamos tanto el respaldo completo como el diferencial más reciente.

Los respaldos de log de transacciones son cruciales en entornos donde no podemos permitirnos perder ninguna transacción. Estos respaldos capturan todas las transacciones realizadas desde el último respaldo de log, permitiendo recuperar la base de datos hasta un punto específico en el tiempo. Esta capacidad es especialmente valiosa en situaciones donde necesitamos revertir operaciones incorrectas o recuperarnos de errores de usuario.

La planificación de respaldos debe considerar varios factores específicos de nuestra realidad empresarial. El volumen de datos, la frecuencia de cambios, los requisitos de tiempo de recuperación (RTO) y el punto objetivo de recuperación (RPO) son elementos clave en esta planificación. Por ejemplo, una empresa de comercio electrónico necesitará respaldos más frecuentes que una empresa de manufactura con actualizaciones de datos menos frecuentes.

La automatización de respaldos es fundamental para garantizar su ejecución consistente. Podemos utilizar el Agente SQL Server para programar tareas de respaldo regulares. Un ejemplo común es programar respaldos completos semanales, diferenciales diarios y respaldos de log cada hora durante el horario laboral. Es importante verificar que estos respaldos se ejecuten correctamente y mantener un registro de su ejecución.

El almacenamiento de respaldos requiere una estrategia cuidadosa. No es suficiente mantener los respaldos en el mismo servidor que aloja la base de datos. Debemos implementar una estrategia 3-2-1: tres copias de los datos, en dos tipos diferentes de medios, con una copia fuera del sitio. En Latinoamérica, donde los desastres naturales pueden ser una preocupación real, esta estrategia es particularmente importante.

La compresión de respaldos puede ayudar a reducir significativamente el espacio de almacenamiento necesario. SQL Server Enterprise Edition incluye compresión nativa de respaldos, pero existen también herramientas de terceros que pueden proporcionar esta funcionalidad en otras ediciones. La compresión no solo ahorra espacio sino que también puede reducir el tiempo de respaldo y recuperación al disminuir la cantidad de datos que se deben transferir.

La verificación de respaldos es un paso crítico que frecuentemente se pasa por alto. No es suficiente simplemente realizar respaldos; debemos verificar regularmente que estos respaldos son utilizables. Podemos usar el comando RESTORE VERIFYONLY para verificar la integridad de los archivos de respaldo sin realizar una restauración completa.

La recuperación de bases de datos debe practicarse regularmente en un ambiente de pruebas. Esto nos permite no solo verificar que nuestros respaldos son válidos, sino también familiarizarnos con el proceso de recuperación y medir los tiempos necesarios. En situaciones de emergencia, esta experiencia práctica es invaluable.

Los planes de recuperación ante desastres deben documentarse detalladamente y mantenerse actualizados. Esto incluye no solo los procedimientos técnicos de recuperación, sino también los contactos clave, las ubicaciones de los respaldos y los pasos para la continuidad del negocio mientras se realiza la recuperación.

La seguridad de los respaldos es tan importante como la de la base de datos en producción. Los archivos de respaldo deben cifrarse para proteger la información sensible. SQL Server proporciona cifrado nativo de respaldos usando certificados o claves asimétricas. También debemos controlar cuidadosamente quién tiene acceso a los archivos de respaldo.

El monitoreo del proceso de respaldo es esencial para detectar y resolver problemas antes de que afecten nuestra capacidad de recuperación. Debemos configurar alertas para notificarnos sobre fallos en los respaldos, espacio insuficiente en los dispositivos de almacenamiento o tiempos de respaldo anormalmente largos.

La recuperación point-in-time es una capacidad avanzada que permite restaurar una base de datos a un momento específico en el tiempo. Esto es particularmente útil cuando necesitamos recuperarnos de errores de usuario o problemas de aplicación que han corrompido datos. Para habilitar esta capacidad, necesitamos mantener una cadena ininterrumpida de respaldos de log.

En entornos de alta disponibilidad, los respaldos deben coordinarse con otras tecnologías como Always On Availability

Groups o Database Mirroring. Es importante entender cómo estas tecnologías afectan nuestra estrategia de respaldo y recuperación.

Finalmente, es crucial mantener un registro detallado de todos los respaldos y recuperaciones realizados. Este registro debe incluir fechas, tamaños, duraciones, problemas encontrados y acciones tomadas. Esta información es invaluable para la optimización continua de nuestra estrategia de respaldo y para cumplir con requisitos de auditoría.

# 41. Seguridad Básica en SQL

La seguridad en SQL es un aspecto fundamental que todo profesional latinoamericano debe dominar para proteger los activos más valiosos de una organización: sus datos. En nuestro contexto regional, donde las amenazas cibernéticas están en constante aumento, implementar medidas de seguridad robustas se ha convertido en una necesidad imperativa.

La autenticación es el primer nivel de seguridad en SQL Server, y podemos configurarla mediante dos modos principales: la autenticación de Windows y la autenticación mixta. La autenticación de Windows se integra con las credenciales del sistema operativo y es generalmente considerada más segura, mientras que la autenticación mixta permite también el uso de credenciales específicas de SQL Server, ofreciendo mayor flexibilidad en entornos donde no todos los usuarios están en el dominio de Windows.

Los logins y usuarios son conceptos fundamentales en la seguridad de SQL Server. Un login es una cuenta a nivel de servidor que permite la conexión inicial, mientras que un usuario es una cuenta a nivel de base de datos que determina qué acciones puede realizar el login una vez conectado. La creación de estos elementos se realiza mediante comandos como CREATE LOGIN y CREATE USER, pero es crucial seguir el principio de mínimo privilegio, otorgando solo los permisos estrictamente necesarios para cada rol.

Los permisos en SQL Server siguen una estructura jerárquica que debemos comprender completamente. A nivel de servidor, podemos asignar permisos que afectan a toda la instancia, como la capacidad de crear bases de datos o gestionar la seguridad. A nivel de base de datos, los permisos controlan el acceso a objetos específicos como tablas, vistas o procedimientos almacenados. Los permisos más comunes incluyen SELECT, INSERT, UPDATE, DELETE, EXECUTE y CONTROL, entre otros.

La gestión de permisos puede realizarse de forma granular o a través de roles. Los roles simplifican la administración de seguridad al agrupar permisos comunes que luego pueden asignarse a múltiples usuarios. SQL Server incluye roles predefinidos como db_datareader, db_datawriter y db_owner, pero también podemos crear roles personalizados que se ajusten a nuestras necesidades específicas mediante CREATE ROLE.

El cifrado de datos es otro aspecto crucial de la seguridad en SQL. SQL Server ofrece varias opciones de cifrado, desde el cifrado a nivel de columna hasta el cifrado de toda la base de datos mediante Transparent Data Encryption (TDE). Para datos sensibles como números de tarjetas de crédito o información personal, es recomendable implementar cifrado a nivel de columna utilizando funciones como ENCRYPT y DECRYPT junto con certificados o claves asimétricas.

La auditoría de accesos y cambios es fundamental para mantener la seguridad y cumplir con regulaciones. SQL Server proporciona capacidades de auditoría que permiten rastrear quién accede a los datos, qué cambios se realizan y cuándo ocurren estas acciones. Podemos configurar auditorías a nivel de servidor o base de datos, y los resultados pueden almacenarse en archivos o en el registro de eventos de Windows.

Las políticas de contraseñas deben ser robustas y aplicarse consistentemente. SQL Server permite configurar políticas que exigen contraseñas complejas, establecen períodos de caducidad y previenen la reutilización de contraseñas anteriores. Es importante encontrar un balance entre seguridad y usabilidad, considerando el contexto específico de nuestra organización.

El control de acceso basado en roles (RBAC) es una práctica recomendada que facilita la gestión de permisos a gran escala. En lugar de asignar permisos directamente a usuarios, los asignamos a roles que representan funciones específicas en la organización. Por ejemplo, podemos crear roles como "AnalistasVentas" o "AdministradoresInventario" con conjuntos específicos de permisos.

La seguridad a nivel de red también debe considerarse. Es importante configurar correctamente los puertos y protocolos utilizados por SQL Server, implementar firewalls y considerar el uso de SSL/TLS para cifrar las comunicaciones entre clientes y servidor. En entornos donde los datos viajan a través de redes públicas, estas medidas son especialmente críticas.

El principio de separación de deberes debe aplicarse cuando sea posible. Esto significa que ningún usuario individual debe tener demasiado control sobre datos críticos. Por ejemplo, la persona que aprueba pagos no debería ser la misma que los registra en el sistema. Esta separación puede implementarse mediante una combinación cuidadosa de roles y permisos.

La gestión de usuarios inactivos y el control de acceso temporal son aspectos importantes de la seguridad continua. Debemos implementar procesos para revisar regularmente las cuentas de usuario, deshabilitar o eliminar cuentas inactivas y asegurar que los accesos temporales se revoquen cuando ya no sean necesarios.

El monitoreo de seguridad debe ser proactivo y continuo. Esto incluye la revisión regular de logs de auditoría, la detección de patrones de acceso inusuales y la respuesta rápida a intentos de acceso no autorizado. Herramientas como SQL Server Profiler y Extended Events pueden ayudar en esta tarea.

La documentación de políticas y procedimientos de seguridad es esencial. Cada organización debe mantener un registro detallado de sus configuraciones de seguridad, procesos de gestión de usuarios y procedimientos de respuesta a incidentes. Esta documentación debe actualizarse regularmente y estar disponible para el personal autorizado.

Finalmente, la capacitación en seguridad debe ser una prioridad. Todos los usuarios que interactúan con la base de datos deben comprender los principios básicos de seguridad y sus responsabilidades en la protección de los datos. Esto incluye desde desarrolladores hasta usuarios finales que acceden a reportes o aplicaciones.

# 42. Caso Práctico: Permisos y Roles

En este capítulo práctico, exploraremos la implementación real de permisos y roles en un entorno empresarial latinoamericano, utilizando como ejemplo una empresa mediana de distribución de productos alimenticios con diferentes departamentos y necesidades de acceso a datos.

Supongamos que nuestra empresa, "Distribuidora Alimentos del Sur", cuenta con departamentos de ventas, contabilidad, recursos humanos, almacén y gerencia. Cada departamento necesita acceder a diferentes partes de la base de datos con distintos niveles de privilegios. Comenzaremos creando una estructura de roles que refleje estas necesidades organizacionales.

Primero, estableceremos los roles básicos departamentales. Para el departamento de ventas, necesitamos crear un rol que permita acceso a las tablas de clientes, productos y ventas, pero solo con permisos de lectura para productos y permisos completos para registrar ventas. El código para implementar esto sería:

CREATE ROLE Ventas_Role;

GRANT SELECT ON Productos TO Ventas_Role;

GRANT SELECT, INSERT, UPDATE ON Ventas TO Ventas_Role;

GRANT SELECT, INSERT, UPDATE ON Clientes TO Ventas_Role;

Para el departamento de contabilidad, necesitamos acceso a información financiera pero con restricciones específicas. Los contadores necesitan ver todas las transacciones pero solo pueden modificar registros dentro del mes actual:

CREATE ROLE Contabilidad_Role;

GRANT SELECT ON Ventas TO Contabilidad_Role;

GRANT SELECT ON Compras TO Contabilidad_Role;

GRANT SELECT, INSERT, UPDATE ON Facturas TO Contabilidad_Role;

El departamento de recursos humanos requiere un manejo especialmente cuidadoso debido a la información sensible que manejan. Crearemos un rol con acceso exclusivo a las tablas de empleados y nómina, implementando además un filtro de datos para que cada analista de RRHH solo pueda ver la información de los empleados asignados a su región:

CREATE ROLE RRHH_Role;

GRANT SELECT, INSERT, UPDATE ON Empleados TO RRHH_Role;

GRANT SELECT ON Nomina TO RRHH_Role;

Para el personal de almacén, necesitamos permitir la actualización de inventarios y el registro de movimientos de productos:

CREATE ROLE Almacen_Role;

GRANT SELECT, UPDATE ON Inventario TO Almacen_Role;

GRANT SELECT, INSERT ON Movimientos_Inventario TO Almacen_Role;

La gerencia necesita una visión completa pero no necesariamente permisos de modificación en todas las áreas. Crearemos un rol gerencial con amplios permisos de lectura y acceso a vistas específicas para análisis:

CREATE ROLE Gerencia_Role;

GRANT SELECT ON DATABASE::DistribuidoraDB TO Gerencia_Role;

GRANT EXECUTE ON SCHEMA::Reportes TO Gerencia_Role;

Una vez establecidos los roles básicos, implementaremos roles específicos para tareas especiales. Por ejemplo, un rol para los analistas de datos que necesitan generar reportes pero no modificar información:

CREATE ROLE Analista_Role;

GRANT SELECT ON SCHEMA::dbo TO Analista_Role;

GRANT EXECUTE ON SCHEMA::Reportes TO Analista_Role;

La asignación de usuarios a roles debe seguir un proceso documentado. Cuando un nuevo empleado ingresa a la empresa, el departamento de TI recibe un formulario especificando sus responsabilidades y, basándose en esto, asigna los roles correspondientes:

CREATE USER [DOMINIO\JuanPerez] FOR LOGIN [DOMINIO\JuanPerez];

ALTER ROLE Ventas_Role ADD MEMBER [DOMINIO\JuanPerez];

Para manejar situaciones temporales, como cuando un empleado cubre una licencia, implementamos roles temporales con fecha de expiración:

CREATE ROLE Temporal_Contabilidad_Role;

GRANT SELECT ON Facturas TO Temporal_Contabilidad_Role;

—Programar una tarea para revocar acceso después de 30 días

La auditoría de accesos es crucial para mantener la seguridad. Implementamos triggers que registran todos los accesos y modificaciones importantes:

CREATE TRIGGER tr_AuditarAccesos

ON Empleados

AFTER UPDATE, INSERT, DELETE

AS

BEGIN

INSERT INTO LogAuditoria (Usuario, Fecha, Accion)

VALUES (SYSTEM_USER, GETDATE(), TRIGGER_NESTLEVEL())

END

También es importante establecer políticas de revisión periódica de permisos. Creamos procedimientos almacenados para facilitar estas revisiones:

```
CREATE PROCEDURE sp_RevisarPermisos
AS
BEGIN
SELECT p.principal_id, p.name, p.type_desc,
pm.permission_name, pm.state_desc
FROM sys.database_principals p
JOIN sys.database_permissions pm
ON p.principal_id = pm.grantee_principal_id
END
```

La documentación de todos estos permisos y roles es fundamental. Mantenemos un registro detallado en una tabla especial:

```
CREATE TABLE DocumentacionPermisos (
RolID int,
RolNombre varchar(50),
Descripcion varchar(500),
FechaCreacion datetime,
UltimaModificacion datetime,
ResponsableModificacion varchar(50)
)
```

Finalmente, implementamos un sistema de reportes para monitorear el uso de permisos y detectar posibles anomalías:

```
CREATE VIEW vw_UsoPermisos AS
SELECT dp.name AS Usuario,
dp.type_desc AS TipoUsuario,
p.permission_name AS Permiso,
p.state_desc AS Estado,
o.name AS ObjetoAccedido
FROM sys.database_principals dp
JOIN sys.database_permissions p
```

```
ON dp.principal_id = p.grantee_principal_id
JOIN sys.objects o
ON p.major_id = o.object_id
```

Este caso práctico demuestra cómo implementar una estructura de seguridad robusta y manejable en una empresa latinoamericana típica. La clave está en encontrar el balance entre seguridad y usabilidad, asegurando que cada empleado tenga exactamente los permisos que necesita para realizar su trabajo, ni más ni menos.

# 43. Optimización de Consultas

La optimización de consultas es un aspecto fundamental para cualquier profesional que trabaje con bases de datos en entornos empresariales latinos. En este capítulo, exploraremos las técnicas más efectivas para mejorar el rendimiento de nuestras consultas SQL, enfocándonos en situaciones comunes en empresas de nuestra región.

Comenzaremos con los fundamentos de la optimización. El primer paso siempre debe ser analizar el plan de ejecución de nuestras consultas. En SQL Server, podemos utilizar el comando EXPLAIN o activar la visualización del plan de ejecución. Esto nos permite ver cómo el motor de base de datos procesa nuestra consulta y dónde pueden estar los cuellos de botella.

Una situación común en nuestras empresas es el manejo de grandes tablas de ventas históricas. Por ejemplo, consideremos una consulta típica que busca las ventas del último año por región:

```
SELECT Region, SUM(MontoVenta) as TotalVentas
FROM Ventas
WHERE FechaVenta >= DATEADD(YEAR, -1, GETDATE())
GROUP BY Region
```

Esta consulta aparentemente simple puede volverse lenta con millones de registros. Para optimizarla, podemos implementar varias estrategias. Primero, asegurémonos de tener índices apropiados. Un índice compuesto en (FechaVenta, Region) puede mejorar significativamente el rendimiento:

```
CREATE INDEX idx_Ventas_Fecha_Region
ON Ventas(FechaVenta, Region)
INCLUDE (MontoVenta)
```

El uso adecuado de índices es crucial, pero debemos evitar el exceso. Cada índice adicional ralentiza las operaciones de inserción y actualización, y consume espacio en disco. En empresas latinoamericanas, donde los recursos de hardware pueden ser limitados, este balance es especialmente importante.

Otro aspecto fundamental es evitar el uso de SELECT *. Esta práctica, aunque común, puede ser muy ineficiente. En su lugar, debemos especificar exactamente las columnas que necesitamos. Por ejemplo, en vez de:

SELECT * FROM Clientes
WHERE Ciudad = 'Lima'
Usemos:
SELECT ClienteID, Nombre, Telefono, Email
FROM Clientes
WHERE Ciudad = 'Lima'

Las subconsultas también pueden ser una fuente de problemas de rendimiento. En muchos casos, podemos reemplazarlas con JOINS más eficientes. Por ejemplo, esta consulta:

SELECT ProductoID, Nombre,
(SELECT COUNT(*) FROM Ventas
WHERE Ventas.ProductoID = Productos.ProductoID) as TotalVentas
FROM Productos
Puede reescribirse como:
SELECT p.ProductoID, p.Nombre, COUNT(v.VentaID) as TotalVentas
FROM Productos p
LEFT JOIN Ventas v ON p.ProductoID = v.ProductoID
GROUP BY p.ProductoID, p.Nombre

Las funciones en la cláusula WHERE también pueden afectar el rendimiento al impedir el uso de índices. Por ejemplo:

WHERE YEAR(FechaVenta) = 2023
Es mejor escribirlo como:
WHERE FechaVenta >= '2023-01-01'
AND FechaVenta < '2024-01-01'

En sistemas con alta concurrencia, como los que encontramos en retailers latinoamericanos, es importante considerar el impacto de nuestras consultas en otros usuarios. Las consultas largas pueden bloquear recursos y afectar la operación normal del negocio. Para estos casos, podemos implementar técnicas como el procesamiento por lotes:

```
DECLARE @Offset int = 0
WHILE @Offset < @TotalRegistros
BEGIN
SELECT TOP 1000 *
FROM GranTabla
ORDER BY ID
OFFSET @Offset ROWS
SET @Offset = @Offset + 1000
END
```

Las vistas materializadas pueden ser una excelente solución para reportes que se ejecutan frecuentemente pero no requieren datos en tiempo real. Por ejemplo:

```
CREATE VIEW vw_ResumenVentasMensual
WITH SCHEMABINDING
AS
SELECT YEAR(FechaVenta) as Año,
MONTH(FechaVenta) as Mes,
Region,
SUM(MontoVenta) as TotalVentas,
COUNT_BIG(*) as NumeroVentas
FROM dbo.Ventas
GROUP BY YEAR(FechaVenta), MONTH(FechaVenta), Region
```

El uso de variables de tabla versus tablas temporales también puede afectar el rendimiento. Las variables de tabla son mejores para conjuntos pequeños de datos, mientras que las tablas temporales son preferibles para conjuntos grandes:

—Para conjuntos pequeños

```
DECLARE @TempClientes TABLE (
ClienteID int,
Nombre varchar(100)
)
—Para conjuntos grandes
CREATE TABLE #TempClientes (
ClienteID int,
Nombre varchar(100)
)
```

La optimización de consultas es un proceso continuo. Debemos monitorear regularmente el rendimiento utilizando herramientas como SQL Server Profiler o DMVs (Dynamic Management Views):

```
SELECT TOP 10
qs.total_logical_reads/qs.execution_count as AvgLogicalReads,
qs.total_worker_time/qs.execution_count as AvgCPUTime,
qs.execution_count,
st.text
FROM sys.dm_exec_query_stats qs
CROSS APPLY sys.dm_exec_sql_text(qs.sql_handle) st
ORDER BY AvgLogicalReads DESC
```

Finalmente, es crucial mantener actualizadas las estadísticas de la base de datos. En entornos latinos, donde los recursos de TI pueden ser limitados, podemos automatizar esta tarea:

```
CREATE PROCEDURE sp_ActualizarEstadisticas
AS
BEGIN
EXEC sp_updatestats
END
GO
CREATE JOB ActualizarEstadisticasJob
@schedule_name = 'Diario',
@freq_type = 4,
```

@freq_interval = 1,

@active_start_time = 010000

La optimización de consultas es tanto un arte como una ciencia. Requiere un profundo entendimiento de cómo funciona el motor de base de datos y la capacidad de balancear las necesidades de rendimiento con los recursos disponibles. En el contexto latinoamericano, donde debemos ser especialmente eficientes con nuestros recursos, estas habilidades son aún más valiosas.

El manejo adecuado de errores es fundamental para crear aplicaciones SQL robustas y confiables. En este capítulo, aprenderemos cómo anticipar, capturar y manejar errores de manera efectiva.

Tipos Comunes de Errores

1. Errores de Sintaxis

- Palabras clave mal escritas

- Paréntesis sin cerrar

- Comas faltantes o extras

2. Errores de Restricción

- Violaciones de clave única

- Violaciones de clave foránea

- Violaciones de CHECK

3. Errores de Datos

- Tipos de datos incorrectos

- Valores fuera de rango

- Conversiones inválidas

4. Errores de Conexión

- Timeout de conexión

- Pérdida de conexión

- Credenciales inválidas

Manejo Básico de Errores

1. Usando TRY-CATCH (SQL Server):

```sql
BEGIN TRY
INSERT INTO productos (nombre_producto, precio)
VALUES ('TV Samsung', -500);
END TRY
BEGIN CATCH
SELECT
ERROR_NUMBER() as NumeroError,
```

```
ERROR_MESSAGE() as MensajeError;
END CATCH
2. Usando EXCEPTION (PostgreSQL):
DO $$
BEGIN
INSERT INTO productos (nombre_producto, precio)
VALUES ('TV Samsung', -500);
EXCEPTION
WHEN check_violation THEN
RAISE NOTICE 'El precio no puede ser negativo';
END $$;
```

Técnicas de Manejo de Errores

1. Validación Previa

```
—Verificar antes de insertar
DO $$
BEGIN
IF EXISTS (SELECT 1 FROM productos WHERE codigo = 'ABC123') THEN
RAISE EXCEPTION 'Producto ya existe';
END IF;
INSERT INTO productos (codigo, nombre)
VALUES ('ABC123', 'Nuevo Producto');
END $$;
```

2. Manejo de Transacciones

```
BEGIN;
SAVEPOINT punto_inicio;
DO $$
BEGIN
INSERT INTO ventas (producto_id, cantidad)
VALUES (1, 10);
UPDATE productos
SET stock = stock - 10
```

```
WHERE id = 1;
IF (SELECT stock FROM productos WHERE id = 1) < 0 THEN
    ROLLBACK TO punto_inicio;
    RAISE EXCEPTION 'Stock insuficiente';
    END IF;
    COMMIT;
    EXCEPTION
    WHEN OTHERS THEN
    ROLLBACK;
    RAISE;
    END $$;
3. Logging de Errores
CREATE TABLE log_errores (
id SERIAL PRIMARY KEY,
fecha TIMESTAMP DEFAULT CURRENT_TIMESTAMP,
tipo_error VARCHAR(100),
mensaje TEXT,
sql_estado VARCHAR(5),
detalles TEXT
);
CREATE OR REPLACE PROCEDURE registrar_error()
LANGUAGE plpgsql AS $$
BEGIN
INSERT INTO log_errores (tipo_error, mensaje, sql_estado, detalles)
VALUES (
SQLERRM,
ERROR_MESSAGE(),
SQLSTATE,
'Stack trace: ' || PG_EXCEPTION_CONTEXT
);
```

```
END;
$$;
```

Patrones Comunes de Manejo de Errores

1. Reintentos Automáticos:

```
CREATE OR REPLACE FUNCTION ejecutar_con_reintento(
max_intentos INTEGER
) RETURNS void AS $$
DECLARE
intentos INTEGER := 0;
BEGIN
LOOP
BEGIN
—Código que puede fallar
EXIT;
EXCEPTION
WHEN deadlock_detected THEN
intentos := intentos + 1;
IF intentos >= max_intentos THEN
RAISE;
END IF;
PERFORM pg_sleep(random());
END;
END LOOP;
END;
$$ LANGUAGE plpgsql;
```

2. Errores Personalizados:

```
CREATE OR REPLACE FUNCTION validar_stock(
p_producto_id INTEGER,
p_cantidad INTEGER
) RETURNS void AS $$
BEGIN
```

```
IF NOT EXISTS (SELECT 1 FROM productos WHERE id =
p_producto_id) THEN
    RAISE EXCEPTION 'Producto % no existe', p_producto_id
    USING HINT = 'Verifique el ID del producto';
    END IF;
    IF (SELECT stock FROM productos WHERE id =
p_producto_id) < p_cantidad THEN
    RAISE EXCEPTION 'Stock insuficiente'
    USING DETAIL = 'Stock actual: ' || stock;
    END IF;
    END;
    $$ LANGUAGE plpgsql;
```

3. Manejo Jerárquico:

```
CREATE OR REPLACE PROCEDURE procesar_venta(
p_cliente_id INTEGER,
p_producto_id INTEGER,
p_cantidad INTEGER
) AS $$
BEGIN
—Validaciones de nivel superior
IF p_cantidad <= 0 THEN
RAISE EXCEPTION 'Cantidad inválida';
END IF;
BEGIN
—Validaciones de negocio
PERFORM validar_stock(p_producto_id, p_cantidad);
PERFORM validar_cliente(p_cliente_id);
BEGIN
—Operaciones de base de datos
INSERT INTO ventas ...;
UPDATE productos ...;
EXCEPTION
```

```
WHEN unique_violation THEN
—Manejar duplicados
WHEN foreign_key_violation THEN
—Manejar referencias inválidas
END;
EXCEPTION
WHEN OTHERS THEN
—Logging y manejo de errores de negocio
PERFORM registrar_error();
RAISE;
END;
END;
$$ LANGUAGE plpgsql;
```

Mejores Prácticas

1. Ser Específico

Malo:

```
WHEN OTHERS THEN NULL;—Ignora todos los errores
```

Bueno:

```
WHEN unique_violation THEN
—Manejo específico para duplicados
WHEN check_violation THEN
—Manejo específico para violaciones de restricciones
```

2. Logging Detallado

```
CREATE OR REPLACE PROCEDURE log_error_detallado(
p_origen VARCHAR,
p_detalles TEXT
) AS $$
BEGIN
INSERT INTO log_errores (
origen,
tipo_error,
mensaje,
```

```
sql_estado,
detalles,
stack_trace,
datos_contexto
) VALUES (
p_origen,
SQLERRM,
ERROR_MESSAGE(),
SQLSTATE,
p_detalles,
PG_EXCEPTION_CONTEXT,
(SELECT           row_to_json(contexto)           FROM
current_setting('myapp.context') as contexto)
);
END;
$$ LANGUAGE plpgsql;
```

3. Limpieza Adecuada

```
CREATE OR REPLACE PROCEDURE proceso_complejo()
AS $$
DECLARE
v_recurso_temp TEXT;
BEGIN
—Crear recursos temporales
v_recurso_temp := 'temp_' || gen_random_uuid();
BEGIN
—Proceso principal
PERFORM proceso_con_temp(v_recurso_temp);
EXCEPTION
WHEN OTHERS THEN
—Limpieza en caso de error
PERFORM limpiar_recurso(v_recurso_temp);
RAISE;
```

END;
—Limpieza normal
PERFORM limpiar_recurso(v_recurso_temp);
END;
$$ LANGUAGE plpgsql;

En el próximo capítulo, exploraremos las técnicas de optimización avanzada para mejorar el rendimiento de nuestras aplicaciones SQL.

Recuerda: Un buen manejo de errores es crucial para la robustez de tu aplicación. No solo se trata de capturar errores, sino de manejarlos de manera significativa, proporcionando información útil para la depuración y manteniendo la integridad de los datos.

# 45. Caso Práctico: Debugging de Consultas

El debugging (depuración) de consultas SQL es una habilidad esencial para cualquier desarrollador de bases de datos. En este capítulo, exploraremos casos prácticos comunes y las técnicas para identificar y resolver problemas en nuestras consultas.

Escenario Inicial

Imaginemos que estamos trabajando en nuestra tienda de electrodomésticos y nos encontramos con varios problemas típicos que requieren debugging. Usaremos casos reales para aprender diferentes técnicas de depuración.

Caso 1: Consulta que Retorna Resultados Incorrectos

El problema: Un reporte de ventas muestra totales que no coinciden con las expectativas del gerente.

Consulta original:

```sql
SELECT
fecha_venta::DATE,
COUNT(*) as total_ventas,
SUM(monto_total) as total_monto
FROM ventas
GROUP BY fecha_venta::DATE
ORDER BY fecha_venta::DATE;
```

Proceso de Debugging:

1. Verificar datos individuales:

```sql
SELECT
id_venta,
fecha_venta,
monto_total
FROM ventas
WHERE fecha_venta::DATE = '2024-03-15'
ORDER BY monto_total DESC;
```

2. Buscar valores nulos o anómalos:

```
SELECT
COUNT(*) as total_registros,
COUNT(monto_total) as registros_con_monto,
COUNT(*) - COUNT(monto_total) as registros_sin_monto
FROM ventas
WHERE fecha_venta::DATE = '2024-03-15';
```

3. Verificar duplicados:

```
SELECT
id_venta,
COUNT(*)
FROM ventas
GROUP BY id_venta
HAVING COUNT(*) > 1;
```

Solución encontrada: La consulta no consideraba ventas canceladas.

Consulta corregida:

```
SELECT
fecha_venta::DATE,
COUNT(*) as total_ventas,
SUM(CASE WHEN estado = 'Activa' THEN monto_total ELSE 0 END) as total_monto
FROM ventas
WHERE estado = 'Activa'
GROUP BY fecha_venta::DATE
ORDER BY fecha_venta::DATE;
```

Caso 2: Consulta Extremadamente Lenta

El problema: Un reporte de productos más vendidos tarda varios minutos en ejecutarse.

Consulta original:

```
SELECT
p.nombre_producto,
COUNT(v.id_venta) as total_ventas,
```

```
SUM(v.cantidad) as unidades_vendidas,
AVG(v.precio_unitario) as precio_promedio
FROM productos p
LEFT JOIN ventas v ON p.id_producto = v.id_producto
GROUP BY p.id_producto, p.nombre_producto
ORDER BY unidades_vendidas DESC;
```

Proceso de Debugging:

1. Usar EXPLAIN ANALYZE:

```
EXPLAIN ANALYZE
SELECT [consulta original];
```

2. Verificar índices existentes:

```
SELECT
schemaname,
tablename,
indexname,
indexdef
FROM pg_indexes
WHERE tablename IN ('productos', 'ventas');
```

3. Analizar el volumen de datos:

```
SELECT COUNT(*) FROM ventas;
SELECT COUNT(*) FROM productos;
```

Solución implementada:

—Crear índices necesarios

```
CREATE          INDEX          idx_ventas_producto          ON
ventas(id_producto);
```

—Modificar la consulta para usar una CTE

```
WITH ventas_agregadas AS (
SELECT
id_producto,
COUNT(*) as total_ventas,
SUM(cantidad) as unidades_vendidas,
AVG(precio_unitario) as precio_promedio
```

```
FROM ventas
WHERE estado = 'Activa'
GROUP BY id_producto
)
SELECT
p.nombre_producto,
COALESCE(v.total_ventas, 0) as total_ventas,
COALESCE(v.unidades_vendidas, 0) as unidades_vendidas,
COALESCE(v.precio_promedio, p.precio) as precio_promedio
FROM productos p
LEFT JOIN ventas_agregadas v ON p.id_producto = v.id_producto
ORDER BY v.unidades_vendidas DESC NULLS LAST;
```

Caso 3: Resultados Duplicados en JOIN

El problema: Un reporte de clientes muestra registros duplicados.

Consulta original:

```
SELECT
c.nombre,
c.email,
d.ciudad,
d.estado
FROM clientes c
JOIN direcciones_cliente d ON c.id_cliente = d.id_cliente
WHERE c.tipo_cliente = 'Premium';
```

Proceso de Debugging:

1. Contar ocurrencias:

```
SELECT
c.id_cliente,
c.nombre,
COUNT(*)
FROM clientes c
JOIN direcciones_cliente d ON c.id_cliente = d.id_cliente
```

```sql
WHERE c.tipo_cliente = 'Premium'
GROUP BY c.id_cliente, c.nombre
HAVING COUNT(*) > 1;
```

2. Examinar registros específicos:

```sql
SELECT
c.id_cliente,
c.nombre,
d.*
FROM clientes c
JOIN direcciones_cliente d ON c.id_cliente = d.id_cliente
WHERE c.id_cliente = [id_problema]
ORDER BY c.id_cliente, d.id_direccion;
```

3. Verificar la lógica de negocio:

```sql
SELECT DISTINCT
tipo_direccion
FROM direcciones_cliente;
```

Solución: Filtrar solo direcciones principales:

```sql
SELECT
c.nombre,
c.email,
d.ciudad,
d.estado
FROM clientes c
JOIN direcciones_cliente d ON c.id_cliente = d.id_cliente
WHERE c.tipo_cliente = 'Premium'
AND d.es_principal = true;
```

Herramientas de Debugging

1. Logging temporal:

```sql
CREATE TEMPORARY TABLE debug_log (
id SERIAL,
timestamp            TIMESTAMP            DEFAULT
CURRENT_TIMESTAMP,
```

```sql
descripcion TEXT,
datos JSONB
);
--Usar en consultas:
INSERT INTO debug_log (descripcion, datos)
SELECT 'Valores intermedios',
jsonb_build_object(
'id_cliente', id_cliente,
'total', total_calculado
)
FROM tabla_temporal;
```

2. Consultas de verificación:

```sql
--Verificar integridad referencial
SELECT v.id_venta, v.id_producto
FROM ventas v
LEFT JOIN productos p ON v.id_producto = p.id_producto
WHERE p.id_producto IS NULL;
--Verificar rangos de valores
SELECT
MIN(precio) as precio_min,
MAX(precio) as precio_max,
AVG(precio) as precio_promedio,
percentile_cont(0.5) WITHIN GROUP (ORDER BY precio) as
precio_mediana
FROM productos;
```

3. Comparación de resultados:

```sql
WITH resultado_nuevo AS (
--Nueva consulta
),
resultado_antiguo AS (
--Consulta original
)
```

```
SELECT
'Nuevos registros' as tipo,
```

. . . .

```
FROM RESULTADO_NUEVO
    EXCEPT
    SELECT 'Nuevos registros', * FROM resultado_antiguo
    UNION ALL
    SELECT
'Registros faltantes' as tipo,
```

. . . .

```
FROM RESULTADO_ANTIGUO
    EXCEPT
    SELECT 'Registros faltantes', * FROM resultado_nuevo;
```

Mejores Prácticas para Debugging

1. Desarrollo Incremental

- Comenzar con consultas simples

- Agregar complejidad gradualmente

- Verificar resultados en cada paso

2. Documentación de Problemas

- Registrar condiciones que causan el error

- Documentar soluciones intentadas

- Mantener un registro de soluciones exitosas

3. Pruebas de Regresión

- Crear casos de prueba

- Verificar resultados esperados

- Automatizar pruebas cuando sea posible

Recuerda: El debugging efectivo requiere un enfoque sistemático y paciente. Documentar tus hallazgos y mantener un conjunto de herramientas de debugging te ayudará a resolver problemas más rápidamente en el futuro.

# 46. SQL en Aplicaciones Web

En el mundo actual, la integración de SQL con aplicaciones web se ha convertido en una necesidad fundamental para cualquier desarrollador o analista de datos. Esta conexión entre bases de datos y aplicaciones web permite crear sistemas dinámicos y robustos que pueden manejar grandes cantidades de información en tiempo real. Vamos a explorar cómo SQL se integra efectivamente en diferentes frameworks y tecnologías web, considerando las mejores prácticas y patrones de diseño comunes en nuestro contexto latinoamericano.

La conexión entre una aplicación web y una base de datos SQL generalmente se realiza a través de controladores específicos para cada lenguaje de programación. Por ejemplo, en PHP, que es muy popular en nuestra región, utilizamos PDO o mysqli para establecer conexiones seguras con bases de datos MySQL o MariaDB. En el caso de Python, frameworks como Django proporcionan un ORM (Object-Relational Mapping) que simplifica significativamente la interacción con la base de datos, permitiéndonos escribir consultas SQL de manera más intuitiva y segura.

Un aspecto crucial al trabajar con SQL en aplicaciones web es la seguridad. Los ataques de inyección SQL son una amenaza constante, especialmente en aplicaciones que manejan datos sensibles como información financiera o datos personales de clientes. Para prevenir estos ataques, es fundamental implementar consultas preparadas (prepared statements) y escapar adecuadamente los datos ingresados por los usuarios. Por ejemplo, en lugar de concatenar directamente valores en una consulta SQL, debemos usar parámetros vinculados:

En PHP, una implementación segura podría verse así: primero, establecemos la conexión utilizando PDO, luego preparamos nuestra consulta con marcadores de posición, y finalmente ejecutamos la consulta con los valores reales. Esto previene la inyección SQL y hace nuestro código más seguro y mantenible. Además, es importante implementar validación tanto del lado del cliente como del servidor para asegurar la integridad de los datos.

La optimización del rendimiento es otro aspecto crucial cuando trabajamos con SQL en entornos web. Las aplicaciones web típicamente necesitan manejar múltiples conexiones simultáneas, por lo que debemos implementar estrategias de pooling de conexiones y caché. Por ejemplo, podemos utilizar Redis o Memcached para almacenar en caché los resultados de consultas frecuentes, reduciendo así la carga en nuestra base de datos.

Un patrón común en aplicaciones web modernas es la implementación de APIs RESTful que interactúan con la base de datos. Esto nos permite separar claramente la lógica del frontend y backend, facilitando el mantenimiento y la escalabilidad de nuestras aplicaciones. Por ejemplo, podemos crear endpoints que ejecuten consultas SQL específicas y devuelvan los resultados en formato JSON, que luego pueden ser consumidos por cualquier cliente web.

La gestión de transacciones es particularmente importante en aplicaciones web, donde múltiples usuarios pueden estar modificando los mismos datos simultáneamente. Debemos asegurarnos de mantener la integridad de los datos implementando transacciones ACID correctamente. Por ejemplo, en una aplicación de comercio electrónico, una transacción de compra debe actualizar tanto el inventario como el registro de ventas de manera atómica.

También es importante considerar la estructura de nuestra base de datos en el contexto de una aplicación web. El diseño de las tablas y las relaciones debe optimizarse para los patrones de acceso típicos de la aplicación. Por ejemplo, si nuestra aplicación frecuentemente necesita mostrar listados de productos con sus categorías y precios, podríamos considerar crear vistas materializadas para mejorar el rendimiento.

La implementación de migraciones de base de datos es otra consideración importante en el desarrollo web. Las migraciones nos permiten versionar los cambios en el esquema de la base de datos, facilitando el desarrollo colaborativo y el despliegue de actualizaciones. Frameworks modernos como Laravel o Rails proporcionan herramientas robustas para manejar migraciones de manera efectiva.

El manejo de errores y logging es crucial en aplicaciones web. Debemos implementar un sistema de logging que nos permita rastrear problemas con las consultas SQL y errores de la base de datos. Esto es especialmente importante en entornos de producción donde no tenemos acceso directo a la consola de la base de datos.

La escalabilidad es otro factor crucial a considerar. A medida que nuestra aplicación web crece, necesitamos asegurarnos de que nuestras consultas SQL sean eficientes y que nuestra arquitectura pueda manejar el incremento en la carga. Esto puede incluir la implementación de sharding, replicación de bases de datos, y otras estrategias de escalamiento horizontal.

El desarrollo de APIs y servicios web que interactúan con bases de datos SQL requiere una cuidadosa consideración de la seguridad y el rendimiento. Debemos implementar autenticación y autorización adecuadas, limitar el número de registros retornados en cada consulta, y considerar la implementación de rate limiting para prevenir el abuso de nuestros endpoints.

Finalmente, es importante mantener un equilibrio entre la complejidad de nuestras consultas SQL y la lógica de negocio en nuestra aplicación web. Mientras que algunas operaciones complejas pueden ser más eficientes cuando se realizan directamente en la base de datos, otras pueden ser más mantenibles si se implementan en la capa de aplicación. La decisión dependerá de factores como el rendimiento requerido, la complejidad del mantenimiento, y las necesidades específicas de nuestro proyecto.

# 47. Integración con Excel

La integración de SQL con Microsoft Excel representa una de las herramientas más poderosas para el análisis de datos en el entorno empresarial latinoamericano. Esta combinación permite a los profesionales aprovechar la familiaridad de Excel junto con la robustez de las bases de datos SQL, creando un puente perfecto entre el análisis técnico y la presentación de datos empresariales.

La conexión entre SQL y Excel puede realizarse de varias maneras, siendo la más común la utilización de Power Query, una herramienta integrada en las versiones modernas de Excel. Esta funcionalidad permite importar datos directamente desde una base de datos SQL y realizar transformaciones en tiempo real. Por ejemplo, podemos conectarnos a nuestra base de datos de ventas y crear un informe dinámico que se actualice automáticamente cada vez que abrimos el archivo de Excel.

Para establecer una conexión básica desde Excel a SQL Server, utilizamos la opción "Obtener datos" en la pestaña "Datos". Aquí podemos especificar los detalles de conexión como el servidor, la base de datos y las credenciales de acceso. Una vez establecida la conexión, podemos seleccionar las tablas o escribir consultas SQL personalizadas directamente desde Excel. Esta flexibilidad nos permite aprovechar todo el poder de SQL mientras trabajamos en un entorno familiar para usuarios no técnicos.

Las consultas parametrizadas son particularmente útiles cuando trabajamos con Excel y SQL. Podemos crear informes dinámicos que permitan a los usuarios finales modificar parámetros como fechas, regiones o categorías de productos sin necesidad de conocer SQL. Por ejemplo, podemos crear una hoja de cálculo que muestre las ventas mensuales por región, donde el usuario simplemente selecciona el mes y la región de su interés desde una lista desplegable, y los datos se actualizan automáticamente.

La función de tablas dinámicas de Excel se complementa perfectamente con los datos importados desde SQL. Podemos crear análisis multidimensionales complejos que serían difíciles de realizar directamente en SQL. Por ejemplo, podemos analizar las ventas por producto, región y tiempo simultáneamente, creando informes interactivos que permiten profundizar en los datos según sea necesario.

El rendimiento es una consideración importante cuando trabajamos con grandes conjuntos de datos. En lugar de importar tablas completas, es recomendable utilizar vistas o consultas SQL optimizadas que solo traigan los datos necesarios. Por ejemplo, si necesitamos analizar las ventas del último trimestre, podemos filtrar los datos directamente en la consulta SQL en lugar de importar todo el histórico de ventas y filtrar en Excel.

La actualización de datos es otro aspecto crucial. Excel nos permite configurar actualizaciones automáticas de los datos conectados a SQL, lo que garantiza que nuestros informes siempre muestren información actualizada. Podemos programar actualizaciones periódicas o actualizar manualmente cuando sea necesario. Esto es particularmente útil para informes que se distribuyen regularmente a diferentes áreas de la empresa.

La seguridad es fundamental cuando conectamos Excel con bases de datos SQL. Debemos asegurarnos de que los usuarios solo tengan acceso a los datos que necesitan y están autorizados a ver. Esto se puede lograr mediante la creación de vistas específicas en SQL y la configuración adecuada de permisos de usuario. También es importante considerar la seguridad al compartir archivos de Excel que contienen conexiones a bases de datos.

Las fórmulas y funciones de Excel pueden complementar perfectamente los datos obtenidos de SQL. Podemos crear cálculos adicionales, KPIs personalizados y visualizaciones que aprovechan tanto la potencia de SQL como las capacidades de Excel. Por ejemplo, podemos usar funciones condicionales de Excel para categorizar datos extraídos de SQL, o crear gráficos dinámicos que representen tendencias y patrones en los datos.

La exportación de datos desde Excel hacia SQL también es posible y útil en muchos escenarios. Podemos crear plantillas en Excel para la entrada de datos que luego se cargan en la base de datos SQL. Esto es particularmente útil cuando trabajamos con usuarios que están más familiarizados con Excel que con interfaces de bases de datos.

El manejo de errores y la validación de datos son aspectos importantes cuando integramos Excel y SQL. Debemos implementar verificaciones para asegurar que los datos cumplan con los requisitos de la base de datos antes de realizar cualquier importación o exportación. Esto incluye la validación de tipos de datos, rangos válidos y reglas de negocio específicas.

La documentación de las conexiones y procesos es crucial para el mantenimiento a largo plazo. Debemos mantener un registro claro de cómo se establecen las conexiones, qué consultas se utilizan y cómo se deben actualizar los datos. Esto facilita la transferencia de conocimiento y el mantenimiento de los informes por parte de diferentes miembros del equipo.

Finalmente, es importante considerar las limitaciones de la integración entre Excel y SQL. Aunque es una herramienta poderosa, hay situaciones donde otras soluciones pueden ser más apropiadas, como cuando trabajamos con datos en tiempo real o necesitamos procesamiento muy complejo. En estos casos, podemos considerar soluciones complementarias o alternativas que mejor se adapten a nuestras necesidades específicas.

La integración de SQL con Excel representa una herramienta fundamental en el arsenal de cualquier profesional de datos en Latinoamérica, permitiendo combinar la potencia de las bases de datos relacionales con la flexibilidad y familiaridad de las hojas de cálculo. Esta combinación facilita la creación de soluciones prácticas y efectivas para el análisis y presentación de datos empresariales.

# 48. Caso Práctico: Reportes Automatizados

En este capítulo práctico, exploraremos la implementación de reportes automatizados utilizando las herramientas y conceptos que hemos aprendido sobre la integración de SQL con otras tecnologías. Tomaremos como ejemplo el caso de una empresa distribuidora de productos alimenticios que necesita automatizar sus reportes semanales y mensuales.

Comenzamos con la situación de Distribuidora Alimentos del Sur, una empresa mediana que maneja más de 1,000 productos y atiende a 500 clientes en diferentes regiones. El departamento de ventas necesita generar reportes semanales de ventas por región, reportes mensuales de rendimiento de productos y análisis trimestrales de tendencias de clientes. Anteriormente, estos reportes se generaban manualmente, consumiendo aproximadamente 15 horas semanales del personal administrativo.

Para automatizar estos reportes, primero establecemos las consultas SQL base que extraerán la información necesaria. Para el reporte semanal de ventas por región, creamos una vista que consolida la información esencial:

```sql
CREATE VIEW vw_ventas_semanales AS
SELECT r.nombre_region,
DATE_TRUNC('week', v.fecha_venta) as semana,
SUM(v.monto_total) as venta_total,
COUNT(DISTINCT v.id_cliente) as clientes_atendidos
FROM ventas v
JOIN regiones r ON v.id_region = r.id_region
GROUP BY r.nombre_region, DATE_TRUNC('week', v.fecha_venta);
```

Esta vista nos servirá como base para nuestro primer reporte automatizado. Utilizando Power Query en Excel, configuramos una conexión que se actualiza automáticamente cada lunes a las 6:00 AM, antes de que el equipo de ventas comience su jornada. El reporte incluye gráficos dinámicos que muestran las tendencias semanales y comparativas con períodos anteriores.

Para el reporte mensual de rendimiento de productos, creamos un procedimiento almacenado que calcula métricas clave como el margen de ganancia, la rotación de inventario y la tendencia de ventas:

```sql
CREATE PROCEDURE sp_reporte_mensual_productos
AS
BEGIN
SELECT p.nombre_producto,
SUM(v.cantidad) as unidades_vendidas,
SUM(v.monto_total) as venta_total,
AVG(v.precio_unitario - p.costo_unitario) as margen_promedio,
COUNT(DISTINCT v.id_cliente) as clientes_diferentes
FROM ventas v
JOIN productos p ON v.id_producto = p.id_producto
WHERE     v.fecha_venta     >=     DATEADD(month,     -1,
GETDATE())
GROUP BY p.nombre_producto
ORDER BY venta_total DESC;
END;
```

Este procedimiento se programa para ejecutarse automáticamente el primer día de cada mes, generando un archivo Excel que se distribuye por correo electrónico a los gerentes de producto. Utilizamos SQL Server Agent para programar la ejecución y PowerShell para la automatización del envío de correos.

Para el análisis trimestral de tendencias de clientes, implementamos un sistema más sofisticado que combina datos de ventas con información de comportamiento de clientes. Creamos una serie de consultas encadenadas que alimentan un dashboard en Power BI:

```sql
WITH tendencias_cliente AS (
SELECT c.id_cliente,
```

```
c.nombre_cliente,
COUNT(v.id_venta) as frecuencia_compra,
AVG(v.monto_total) as ticket_promedio,
SUM(v.monto_total) as valor_total_trimestre
FROM clientes c
JOIN ventas v ON c.id_cliente = v.id_cliente
WHERE    v.fecha_venta    >=    DATEADD(month,    -3,
GETDATE())
GROUP BY c.id_cliente, c.nombre_cliente
)
SELECT *,
NTILE(4) OVER (ORDER BY valor_total_trimestre DESC) as
segmento_valor
FROM tendencias_cliente;
```

La automatización de estos reportes requiere una estructura robusta de manejo de errores. Implementamos un sistema de logging que registra cualquier fallo en la generación o distribución de reportes:

```
CREATE TABLE log_reportes (
id_log INT IDENTITY(1,1),
nombre_reporte VARCHAR(100),
fecha_ejecucion DATETIME,
estado VARCHAR(50),
mensaje_error TEXT,
duracion_segundos INT
);
```

Para garantizar la integridad de los datos, cada proceso de generación de reportes incluye validaciones preliminares. Por ejemplo, verificamos que todos los datos necesarios estén disponibles y que los cálculos produzcan resultados coherentes antes de generar el reporte final.

La implementación incluye también un panel de control administrativo desarrollado en una aplicación web simple, donde los usuarios autorizados pueden monitorear el estado de los reportes automatizados, reprogramar ejecuciones fallidas y ajustar parámetros de los reportes según sea necesario.

El resultado final de esta automatización redujo el tiempo dedicado a la generación de reportes de 15 horas semanales a menos de 1 hora, principalmente dedicada a la revisión y validación de la información generada automáticamente. La precisión de los reportes mejoró significativamente al eliminar el factor humano en la manipulación directa de los datos.

Este caso práctico demuestra cómo la combinación de SQL, procedimientos almacenados, vistas y herramientas de automatización puede transformar un proceso manual tedioso en un sistema eficiente y confiable. La clave del éxito radica en la planificación cuidadosa, la implementación de validaciones robustas y el monitoreo continuo del sistema.

# 49. Migración de Datos

La migración de datos es uno de los procesos más críticos y desafiantes en el mundo de las bases de datos. En este capítulo, exploraremos las estrategias, mejores prácticas y consideraciones fundamentales para realizar migraciones exitosas, enfocándonos en escenarios comunes en empresas latinoamericanas.

La migración de datos implica mucho más que simplemente mover información de un sistema a otro. Requiere una planificación meticulosa, consideraciones de limpieza de datos, mapeo de estructuras y validación exhaustiva. Comenzamos con la fase de planificación, donde es crucial realizar un inventario completo de los datos existentes y comprender profundamente tanto el sistema origen como el destino.

En el contexto latinoamericano, frecuentemente nos encontramos con situaciones donde necesitamos migrar desde sistemas legacy o incluso desde hojas de cálculo a sistemas más modernos. Un caso común es la migración desde sistemas desarrollados en FoxPro o Visual Basic hacia plataformas SQL Server o PostgreSQL. Para estos casos, el primer paso es crear un mapeo detallado de las estructuras de datos:

```
SELECT column_name, data_type, character_maximum_length
FROM information_schema.columns
WHERE table_name = 'tabla_origen'
ORDER BY ordinal_position;
```

Este comando nos ayuda a entender la estructura actual de nuestros datos. A partir de ahí, podemos crear las tablas correspondientes en el sistema destino, considerando las diferencias en tipos de datos y restricciones. Es fundamental crear tablas intermedias para la etapa de transformación, lo que nos permite realizar limpieza y normalización de datos sin afectar los sistemas en producción.

La limpieza de datos es particularmente importante en nuestra región, donde frecuentemente encontramos inconsistencias en la captura de información. Por ejemplo, en campos de direcciones o nombres, es común encontrar diferentes formatos o caracteres especiales que necesitan estandarización. Podemos utilizar funciones de limpieza como:

```
UPDATE tabla_temporal
SET nombre = TRIM(REPLACE(REPLACE(nombre, ' ', ' '), '','
''))
WHERE nombre IS NOT NULL;
```

Para manejar la codificación de caracteres, especialmente relevante con caracteres especiales del español, debemos asegurarnos de utilizar la codificación correcta en ambos sistemas:

```
ALTER DATABASE nombre_base
CHARACTER SET utf8mb4
COLLATE utf8mb4_spanish_ci;
```

La migración de datos históricos requiere especial atención. En muchas empresas latinoamericanas, encontramos registros que se remontan a décadas atrás, algunos incluso anteriores a la digitalización completa de los procesos. Para estos casos, implementamos estrategias de migración por fases:

```
BEGIN TRANSACTION;
INSERT INTO sistema_nuevo.clientes (id_cliente, nombre, direccion, fecha_registro)
SELECT id_cliente,
COALESCE(nombre, 'Sin Nombre') as nombre,
COALESCE(direccion, 'Sin Dirección') as direccion,
COALESCE(fecha_registro, '1900-01-01') as fecha_registro
FROM sistema_antiguo.clientes
WHERE fecha_registro >= '2000-01-01'
AND fecha_registro < '2010-01-01';
COMMIT;
```

Es crucial implementar validaciones en cada paso del proceso. Creamos procedimientos de verificación que comparan los totales y detalles entre los sistemas origen y destino:

```sql
CREATE PROCEDURE sp_validar_migracion
AS
BEGIN
SELECT 'Clientes' as tabla,
(SELECT COUNT(*) FROM sistema_antiguo.clientes) as
registros_origen,
(SELECT COUNT(*) FROM sistema_nuevo.clientes) as
registros_destino,
CASE WHEN (SELECT COUNT(*) FROM
sistema_antiguo.clientes) =
(SELECT COUNT(*) FROM sistema_nuevo.clientes)
THEN 'OK' ELSE 'Revisar' END as estado;
END;
```

La gestión de las llaves primarias y foráneas durante la migración requiere especial atención. En muchos casos, necesitamos regenerar identificadores o crear mapeos entre los sistemas:

```sql
CREATE TABLE mapeo_ids (
id_antiguo INT,
id_nuevo INT,
tabla VARCHAR(50),
fecha_migracion DATETIME DEFAULT GETDATE()
);
```

Para grandes volúmenes de datos, implementamos estrategias de migración por lotes:

```sql
DECLARE @batch_size INT = 10000;
DECLARE @offset INT = 0;
WHILE EXISTS (
SELECT 1 FROM sistema_antiguo.ventas
ORDER BY id_venta
OFFSET @offset ROWS
FETCH NEXT 1 ROWS ONLY
)
```

```
BEGIN
INSERT INTO sistema_nuevo.ventas
SELECT *
FROM sistema_antiguo.ventas
ORDER BY id_venta
OFFSET @offset ROWS
FETCH NEXT @batch_size ROWS ONLY;
SET @offset = @offset + @batch_size;
END;
```

La documentación del proceso de migración es fundamental. Creamos logs detallados de cada paso:

```
CREATE TABLE log_migracion (
id_log INT IDENTITY(1,1),
fecha_hora DATETIME,
tabla VARCHAR(50),
registros_procesados INT,
estado VARCHAR(20),
mensaje VARCHAR(500)
);
```

También es importante considerar la continuidad del negocio durante la migración. En muchos casos, necesitamos mantener ambos sistemas funcionando en paralelo durante un período de transición. Para esto, implementamos procesos de sincronización:

```
CREATE TRIGGER tr_sincronizar_clientes
ON sistema_nuevo.clientes
AFTER INSERT, UPDATE
AS
BEGIN
UPDATE sistema_antiguo.clientes
SET nombre = i.nombre,
direccion = i.direccion
FROM inserted i
```

WHERE sistema_antiguo.clientes.id_cliente = i.id_cliente;

END;

Finalmente, es crucial tener un plan de rollback en caso de problemas. Antes de iniciar la migración, creamos respaldos completos y documentamos los pasos necesarios para revertir los cambios:

BACKUP DATABASE sistema_antiguo

TO DISK = 'D:\Backups\premigration_backup.bak'

WITH FORMAT, COMPRESSION;

La migración de datos es un proceso que requiere paciencia, atención al detalle y una planificación exhaustiva. El éxito depende no solo de la correcta ejecución técnica, sino también de la comunicación efectiva con todos los stakeholders y la validación continua de los resultados en cada etapa del proceso.

Las buenas prácticas en SQL son fundamentales para desarrollar código eficiente, mantenible y profesional. En este capítulo, exploraremos los principios y recomendaciones más importantes que todo profesional latino debe conocer y aplicar en su trabajo diario con bases de datos.

Una de las primeras y más importantes buenas prácticas es la consistencia en el nombramiento de objetos. En el contexto latinoamericano, donde frecuentemente trabajamos con equipos bilingües o sistemas internacionales, es recomendable establecer convenciones claras. Por ejemplo, aunque nuestros usuarios hablen español, es preferible mantener los nombres de tablas y columnas en inglés, evitando caracteres especiales y utilizando snake_case o camelCase de manera consistente. Esto facilita la integración con sistemas internacionales y evita problemas de compatibilidad.

La documentación es otro aspecto crucial que frecuentemente se descuida. Cada consulta compleja debe incluir comentarios explicativos, especialmente cuando implementamos lógica de negocio específica de nuestra región. Por ejemplo, cuando trabajamos con cálculos de impuestos o regulaciones locales, es fundamental documentar las reglas de negocio aplicadas:

```
/* Cálculo de impuestos según normativa fiscal 2023
- IVA: 16% general
- IVA fronterizo: 8%
- Retenciones específicas por región
*/
```

El control de versiones para scripts SQL es una práctica indispensable. Debemos mantener un registro de todos los cambios realizados en la estructura de la base de datos, incluyendo la fecha, el autor y el motivo del cambio. Esto es especialmente importante en equipos distribuidos, comunes en empresas latinoamericanas con oficinas en diferentes países.

La optimización de consultas debe ser una prioridad desde el inicio. Evitamos el uso de SELECT * y especificamos exactamente las columnas necesarias. En consultas que involucran múltiples tablas, utilizamos aliases descriptivos que facilitan la lectura:

```sql
SELECT
c.customer_id,
c.full_name,
o.order_date,
p.product_name
FROM customers c
INNER JOIN orders o ON c.customer_id = o.customer_id
INNER JOIN products p ON o.product_id = p.product_id
WHERE      o.order_date      >=      DATEADD(month,    -3,
GETDATE());
```

La gestión adecuada de transacciones es fundamental para mantener la integridad de los datos. Implementamos bloques try-catch para manejar errores y asegurar que las transacciones se completen correctamente o se reviertan en caso de fallo:

```sql
BEGIN TRY
BEGIN TRANSACTION;
—Operaciones de actualización
UPDATE inventory SET stock = stock - @quantity
WHERE product_id = @product_id;
INSERT INTO sales (product_id, quantity, sale_date)
VALUES (@product_id, @quantity, GETDATE());
COMMIT TRANSACTION;
END TRY
BEGIN CATCH
ROLLBACK TRANSACTION;
INSERT INTO error_log (error_message, error_date)
```

VALUES (ERROR_MESSAGE(), GETDATE());
END CATCH;

La seguridad debe ser una consideración primordial. Implementamos principios de mínimo privilegio y utilizamos procedimientos almacenados para encapsular lógica sensible. Evitamos la concatenación de strings en consultas para prevenir inyecciones SQL:

—Incorrecto:

"SELECT * FROM users WHERE username = '" + username + "'"

—Correcto:

"SELECT * FROM users WHERE username = @username"

El manejo eficiente de índices es crucial para el rendimiento. Creamos índices basados en patrones de consulta reales, monitoreando su uso y mantenimiento:

CREATE INDEX idx_sales_date
ON sales (sale_date)
INCLUDE (product_id, quantity)
WHERE sale_date >= DATEADD(year, -1, GETDATE());

La normalización adecuada de las bases de datos es fundamental, pero debemos ser pragmáticos. En algunos casos, especialmente en aplicaciones de análisis de datos, una desnormalización controlada puede mejorar el rendimiento sin comprometer la integridad de los datos.

El manejo de fechas merece especial atención en nuestro contexto regional. Estandarizamos el uso de zonas horarias y formatos de fecha:

SET DATEFIRST 1; —Semana comienza en lunes
SET LANGUAGE Spanish;

La gestión de caracteres especiales y collations debe configurarse correctamente desde el inicio:

ALTER DATABASE current
COLLATE Modern_Spanish_CI_AS;

El uso de vistas y procedimientos almacenados debe seguir principios de modularidad y reutilización. Creamos objetos que encapsulan lógica común y facilitan el mantenimiento:

```sql
CREATE VIEW vw_sales_summary AS
SELECT
DATEPART(year, sale_date) as year,
DATEPART(month, sale_date) as month,
SUM(quantity * unit_price) as total_sales,
COUNT(DISTINCT customer_id) as unique_customers
FROM sales s
JOIN products p ON s.product_id = p.product_id
GROUP BY DATEPART(year, sale_date), DATEPART(month,
sale_date);
```

La optimización de consultas debe considerar el volumen de datos y los patrones de uso específicos de nuestra región. Implementamos estrategias de particionamiento cuando sea necesario:

```sql
CREATE PARTITION FUNCTION pf_sales_date (datetime)
AS RANGE RIGHT FOR VALUES
('2022-01-01', '2023-01-01', '2024-01-01');
```

El manejo de NULL debe ser explícito y consistente. Utilizamos COALESCE o ISNULL según sea apropiado:

```sql
SELECT
customer_name,
COALESCE(phone_number, 'No registrado') as contact,
ISNULL(last_purchase_date, '1900-01-01') as last_purchase
```

La implementación de estas buenas prácticas no solo mejora la calidad de nuestro código SQL, sino que también facilita la colaboración en equipos internacionales y el mantenimiento a largo plazo de nuestros sistemas. Recordemos que las buenas prácticas deben adaptarse a las necesidades específicas de cada organización y contexto, manteniendo siempre un balance entre la teoría y la practicidad en el mundo real del desarrollo de bases de datos.

# 51. Caso Práctico: Proyecto Final - Sistema Completo

El proyecto final de este libro integra todos los conceptos aprendidos a través de la implementación de un sistema completo de gestión para una empresa distribuidora de productos alimenticios en Latinoamérica. Este caso práctico nos permitirá aplicar nuestros conocimientos en un escenario real y complejo.

Comenzamos con el diseño de la base de datos. Nuestra empresa, "Distribuidora Los Andes", necesita gestionar inventario, ventas, clientes, proveedores y empleados. Primero, creamos las tablas principales con sus respectivas relaciones:

```sql
CREATE DATABASE DistribuidoraLosAndes;
USE DistribuidoraLosAndes;
CREATE TABLE Productos (
producto_id INT PRIMARY KEY IDENTITY(1,1),
nombre VARCHAR(100),
categoria VARCHAR(50),
precio_unitario DECIMAL(10,2),
stock_actual INT,
stock_minimo INT,
proveedor_id INT
);
CREATE TABLE Clientes (
cliente_id INT PRIMARY KEY IDENTITY(1,1),
razon_social VARCHAR(100),
rfc VARCHAR(15),
direccion TEXT,
ciudad VARCHAR(50),
pais VARCHAR(50),
limite_credito DECIMAL(12,2)
```

);

Implementamos un sistema de control de inventario que incluye triggers para mantener la integridad de los datos:

```sql
CREATE TRIGGER trg_ActualizarStock
ON Ventas
AFTER INSERT
AS
BEGIN
UPDATE Productos
SET stock_actual = stock_actual - i.cantidad
FROM Productos p
INNER JOIN inserted i ON p.producto_id = i.producto_id;
END;
```

Para el módulo de ventas, creamos procedimientos almacenados que manejan la lógica de negocio compleja:

```sql
CREATE PROCEDURE sp_RegistrarVenta
@cliente_id INT,
@producto_id INT,
@cantidad INT,
@precio_unitario DECIMAL(10,2)
AS
BEGIN
BEGIN TRY
BEGIN TRANSACTION;
--Verificar stock disponible
IF EXISTS (SELECT 1 FROM Productos
WHERE producto_id = @producto_id
AND stock_actual >= @cantidad)
BEGIN
INSERT INTO Ventas (cliente_id, producto_id, cantidad, precio_unitario, fecha)
```

```
VALUES      (@cliente_id,      @producto_id,      @cantidad,
@precio_unitario, GETDATE());
END
ELSE
BEGIN
THROW 50001, 'Stock insuficiente', 1;
END;
COMMIT TRANSACTION;
END TRY
BEGIN CATCH
ROLLBACK TRANSACTION;
INSERT INTO LogErrores (mensaje, fecha)
VALUES (ERROR_MESSAGE(), GETDATE());
THROW;
END CATCH;
END;
```

Implementamos un sistema de reportes que utiliza vistas materializadas para optimizar el rendimiento:

```
CREATE VIEW vw_ReporteVentasMensual
WITH SCHEMABINDING
AS
SELECT
YEAR(v.fecha) as año,
MONTH(v.fecha) as mes,
c.ciudad,
p.categoria,
COUNT_BIG(*) as total_transacciones,
SUM(v.cantidad * v.precio_unitario) as venta_total
FROM dbo.Ventas v
JOIN dbo.Clientes c ON v.cliente_id = c.cliente_id
JOIN dbo.Productos p ON v.producto_id = p.producto_id
```

GROUP BY YEAR(v.fecha), MONTH(v.fecha), c.ciudad, p.categoria;

Para el análisis de datos, creamos consultas que ayudan a la toma de decisiones:

SELECT

p.categoria,

SUM(v.cantidad * v.precio_unitario) as ventas_totales,

AVG(v.cantidad * v.precio_unitario) as venta_promedio,

COUNT(DISTINCT v.cliente_id) as clientes_unicos,

SUM(v.cantidad) as unidades_vendidas

FROM Ventas v

JOIN Productos p ON v.producto_id = p.producto_id

WHERE v.fecha >= DATEADD(month, -3, GETDATE())

GROUP BY p.categoria

HAVING SUM(v.cantidad * v.precio_unitario) > 10000

ORDER BY ventas_totales DESC;

Implementamos un sistema de seguridad robusto con roles y permisos específicos:

CREATE ROLE Vendedores;

CREATE ROLE Supervisores;

CREATE ROLE Administradores;

GRANT SELECT ON vw_ReporteVentasMensual TO Vendedores;

GRANT EXECUTE ON sp_RegistrarVenta TO Vendedores;

GRANT ALL ON SCHEMA::dbo TO Administradores;

Para la optimización del rendimiento, creamos índices estratégicos:

CREATE NONCLUSTERED INDEX idx_Ventas_Fecha

ON Ventas (fecha)

INCLUDE (cliente_id, producto_id, cantidad, precio_unitario);

CREATE NONCLUSTERED INDEX idx_Productos_Categoria

ON Productos (categoria)

INCLUDE (nombre, precio_unitario, stock_actual);

Implementamos un sistema de auditoría para rastrear cambios importantes:

```
CREATE TABLE Auditoria (
auditoria_id INT PRIMARY KEY IDENTITY(1,1),
tabla VARCHAR(50),
accion VARCHAR(20),
usuario VARCHAR(50),
fecha DATETIME,
datos_antiguos XML,
datos_nuevos XML
);
```

Finalmente, creamos un dashboard de indicadores clave:

```
CREATE VIEW vw_DashboardGerencial AS
SELECT
(SELECT COUNT(*) FROM Clientes) as total_clientes,
(SELECT SUM(stock_actual * precio_unitario) FROM Productos) as valor_inventario,
(SELECT SUM(cantidad * precio_unitario)
FROM Ventas
WHERE fecha >= DATEADD(month, -1, GETDATE())) as ventas_mes_actual,
(SELECT COUNT(DISTINCT cliente_id)
FROM Ventas
WHERE fecha >= DATEADD(month, -1, GETDATE())) as clientes_activos;
```

Este proyecto final integra aspectos cruciales como la seguridad, el rendimiento, la integridad de datos y la generación de informes. Demuestra cómo los diferentes conceptos de SQL trabajan juntos en un sistema empresarial real, proporcionando una solución completa y robusta para las necesidades de negocio de una empresa latinoamericana.

# 52. SQL en la Nube

La adopción de servicios en la nube ha revolucionado la forma en que gestionamos y trabajamos con bases de datos SQL. En este capítulo, exploraremos cómo las soluciones cloud están transformando el panorama de las bases de datos en América Latina y cómo podemos aprovechar estas tecnologías para optimizar nuestras operaciones.

Los principales proveedores de servicios cloud como Amazon Web Services (AWS), Microsoft Azure y Google Cloud Platform ofrecen soluciones robustas para bases de datos SQL. En el contexto latinoamericano, donde muchas empresas buscan reducir costos de infraestructura mientras mantienen un alto nivel de servicio, estas opciones se han vuelto particularmente atractivas.

Amazon RDS (Relational Database Service) permite gestionar bases de datos SQL Server, MySQL, PostgreSQL y otros motores con facilidad. Por ejemplo, una empresa colombiana de comercio electrónico podría configurar su base de datos así:

aws rds create-db-instance—db-instance-identifier ecommerce-prod—db-instance-class db.t3.medium—engine mysql—master-username admin—master-user-password MiContraseña123—allocated-storage 20

Microsoft Azure SQL Database, por su parte, ofrece una solución completamente gestionada que es particularmente popular en empresas que ya utilizan tecnologías Microsoft. La escalabilidad automática es una característica especialmente útil para negocios con demanda variable, como los comercios minoristas durante temporadas altas.

Las ventajas de migrar nuestras bases de datos a la nube son múltiples. Primero, la elasticidad: podemos aumentar o disminuir recursos según necesitemos. Para una empresa argentina de servicios financieros, por ejemplo, esto significa poder manejar picos de transacciones durante cierres mensuales sin tener que sobredimensionar su infraestructura permanentemente.

La alta disponibilidad es otra ventaja crucial. Los proveedores cloud ofrecen replicación geográfica y copias de seguridad automatizadas. Una empresa mexicana que opera servicios 24/7 puede configurar su base de datos para replicarse automáticamente en diferentes zonas geográficas:

```
CREATE DATABASE SecundariaMX ON
(NAME = PrimariaDB, FILENAME = 'D:\Data\SecundariaMX.mdf')
AS COPY OF [PrimariaDB]
(SERVICE_OBJECTIVE = 'BUSINESS_CRITICAL');
```

La seguridad en la nube también ha evolucionado significativamente. Los proveedores ofrecen cifrado en reposo y en tránsito, autenticación multifactor y controles de acceso granulares. Para una institución financiera brasileña, podríamos implementar políticas de seguridad robustas:

```
CREATE MASTER KEY ENCRYPTION BY PASSWORD = 'Cl@ve2023Segura';
CREATE CERTIFICATE CertSeguridad WITH SUBJECT = 'Certificado para datos sensibles';
CREATE SYMMETRIC KEY ClaveSimétrica WITH ALGORITHM = AES_256 ENCRYPTION BY CERTIFICATE CertSeguridad;
```

El modelo de precios basado en consumo es especialmente relevante para las PyMEs latinoamericanas. En lugar de grandes inversiones iniciales en hardware y licencias, pueden pagar solo por los recursos que utilizan. Un pequeño negocio peruano podría comenzar con una instancia básica y escalar según crezca:

```
SELECT TOP 1
avg_cpu_percent,
avg_memory_percent,
end_time
FROM sys.dm_db_resource_stats
```

ORDER BY end_time DESC;

La integración con servicios cloud complementarios es otra ventaja significativa. Podemos conectar nuestras bases de datos con servicios de análisis, machine learning o almacenamiento de datos sin problemas. Una empresa chilena de retail podría implementar análisis predictivo combinando su base de datos SQL con servicios de analytics:

```
CREATE EXTERNAL DATA SOURCE AnalyticStorage
WITH
(
TYPE = HADOOP,
LOCATION                                    =
'wasbs://analytics@storage.blob.core.windows.net'
);
```

Los desafíos específicos de nuestra región, como la latencia de red o la conectividad intermitente, se abordan mediante características como el almacenamiento en caché y la sincronización offline. Para una empresa con sucursales en zonas remotas de Bolivia, podríamos implementar:

```
ALTER DATABASE [SucursalDB]
SET                                 AUTOMATIC_TUNING
(FORCE_LAST_GOOD_PLAN = ON);
```

La administración y monitoreo se simplifican significativamente con las herramientas cloud. Los dashboards integrados y las alertas automáticas permiten a los DBAs latinoamericanos gestionar múltiples bases de datos eficientemente:

```
SELECT
database_name,
end_time,
avg_cpu_percent,
avg_data_io_percent,
avg_log_write_percent
FROM sys.dm_db_resource_stats
```

WHERE database_name = 'ProduccionDB'

ORDER BY end_time DESC;

Las consideraciones de cumplimiento normativo también son importantes. Los principales proveedores cloud mantienen certificaciones relevantes para la región, como la LGPD en Brasil o la Ley de Protección de Datos Personales en Argentina. Podemos implementar políticas de retención y auditoría:

CREATE TABLE LogAuditoria

(

ID INT IDENTITY(1,1),

Usuario NVARCHAR(50),

Accion NVARCHAR(50),

Fecha DATETIME DEFAULT GETDATE(),

Detalles NVARCHAR(MAX)

);

La migración a la nube debe planificarse cuidadosamente. Una estrategia común es comenzar con bases de datos no críticas y gradualmente mover las cargas de trabajo más importantes. Para una empresa venezolana de logística, podríamos comenzar migrando sus bases de datos de desarrollo:

BACKUP DATABASE [DesarrolloDB]

TO URL = 'https://storage.blob.core.windows.net/backups/desarrollo.bak'

WITH COMPRESSION, STATS = 10;

El futuro del SQL en la nube es prometedor para América Latina. Las nuevas tecnologías como las bases de datos serverless y la integración con servicios de inteligencia artificial abren posibilidades emocionantes para nuestras empresas, permitiéndonos competir globalmente mientras mantenemos costos controlados y alta eficiencia operativa.

# 53. Trabajando con Grandes Volúmenes de Datos

El manejo de grandes volúmenes de datos presenta desafíos únicos que requieren estrategias específicas y optimizaciones cuidadosas. En el contexto latinoamericano, donde muchas empresas están experimentando un crecimiento exponencial en sus datos, es crucial entender cómo manejar eficientemente estas cargas masivas de información.

Cuando hablamos de grandes volúmenes de datos en SQL, nos referimos típicamente a tablas que contienen millones o incluso billones de registros. Por ejemplo, una cadena de supermercados mexicana puede generar fácilmente más de 10 millones de registros de transacciones por mes. En estos casos, las técnicas tradicionales de consulta pueden resultar insuficientes.

La partición de tablas es una de las estrategias más efectivas para manejar grandes volúmenes de datos. Imaginemos una empresa colombiana de telecomunicaciones que necesita gestionar registros de llamadas. Podríamos particionar los datos por fecha:

CREATE PARTITION FUNCTION ParticionPorFecha (datetime)

AS RANGE RIGHT FOR VALUES ('2023-01-01', '2023-04-01', '2023-07-01', '2023-10-01');

La indexación estratégica se vuelve crucial cuando manejamos datos masivos. No se trata solo de crear índices, sino de crear los correctos. Un índice mal diseñado puede ocupar tanto espacio como la tabla misma y ralentizar las operaciones de inserción. Para una tabla de ventas con millones de registros, podríamos implementar un índice columnstore, que es especialmente eficiente para análisis de grandes conjuntos de datos:

```
CREATE     CLUSTERED     COLUMNSTORE     INDEX
idx_ventas_columnstore ON TablaVentas;
```

El procesamiento por lotes es otra técnica fundamental. En lugar de procesar millones de registros de una vez, podemos dividir las operaciones en lotes manejables. Por ejemplo, para actualizar precios en un catálogo masivo de productos:

```
DECLARE @Offset INT = 0;
WHILE @Offset < (SELECT COUNT(*) FROM Productos)
BEGIN
UPDATE Productos
SET Precio = Precio * 1.05
ORDER BY ProductoID
OFFSET @Offset ROWS
FETCH NEXT 10000 ROWS ONLY;
SET @Offset = @Offset + 10000;
END
```

La optimización de consultas se vuelve crítica cuando trabajamos con grandes volúmenes. Debemos evitar operaciones costosas como DISTINCT en conjuntos de datos masivos y utilizar estrategias como la materialización de resultados intermedios. Para una empresa argentina de análisis de datos, podríamos implementar:

```
WITH DatosAgregados AS (
SELECT Region, Producto, SUM(Ventas) as TotalVentas
FROM VentasHistoricas WITH (INDEX(idx_ventas_region))
WHERE Fecha >= DATEADD(year, -1, GETDATE())
GROUP BY Region, Producto
)
SELECT * INTO #TempResultados FROM DatosAgregados;
```

El manejo de memoria es crucial cuando trabajamos con grandes conjuntos de datos. SQL Server, por ejemplo, permite controlar la cantidad de memoria asignada a diferentes operaciones. Para una consulta que procesa datos históricos de una aseguradora brasileña:

```
SELECT TOP (1000000) *
FROM TransaccionesHistoricas
OPTION (MAXDOP 4, MEMORY GRANT PERCENTAGE
= 20);
```

La compresión de datos puede ayudar significativamente cuando manejamos grandes volúmenes. No solo ahorra espacio en disco, sino que también puede mejorar el rendimiento al reducir las operaciones de I/O:

```
ALTER TABLE HistorialVentas
REBUILD PARTITION = ALL
WITH (DATA_COMPRESSION = PAGE);
```

Las estadísticas actualizadas son fundamentales para el optimizador de consultas cuando trabaja con grandes conjuntos de datos. Para una empresa peruana de retail con millones de transacciones diarias:

```
UPDATE STATISTICS VentasDiarias
WITH FULLSCAN, PERSIST_SAMPLE_PERCENT = ON;
```

El monitoreo de rendimiento se vuelve más crítico con grandes volúmenes de datos. Debemos estar atentos a métricas clave como el uso de CPU, I/O y memoria:

```
SELECT
t.text,
qs.execution_count,
qs.total_logical_reads/qs.execution_count as avg_logical_reads,
qs.total_worker_time/qs.execution_count as avg_cpu_time
FROM sys.dm_exec_query_stats qs
CROSS APPLY sys.dm_exec_sql_text(qs.sql_handle) t
ORDER BY qs.total_worker_time DESC;
```

La arquitectura de almacenamiento también debe considerarse cuidadosamente. Para una empresa chilena que maneja big data, podríamos implementar una estrategia de datos en capas:

```
CREATE TABLE ArchivoHistorico
```

```
(
ID BIGINT,
Datos VARBINARY(MAX)
)
ON [PRIMARY]
FILESTREAM_ON FileStreamGrupo;
```

Las estrategias de mantenimiento deben adaptarse a los grandes volúmenes. Las operaciones de mantenimiento tradicionales pueden no ser prácticas con tablas masivas. Por ejemplo, para una tabla de logs de una empresa ecuatoriana:

```
ALTER INDEX ALL ON LogsTransacciones
REBUILD WITH (ONLINE = ON, SORT_IN_TEMPDB = ON);
```

La implementación de una estrategia de archivado es esencial para mantener manejable el volumen de datos activos. Podemos mover datos históricos a tablas de archivo mientras mantenemos accesibles los datos recientes:

```
INSERT INTO ArchivoHistorico
SELECT * FROM DatosActivos
WHERE Fecha < DATEADD(year, -2, GETDATE());
```

El manejo de grandes volúmenes de datos requiere un enfoque holístico que combine múltiples estrategias. No existe una solución única que funcione para todos los casos, pero con una combinación adecuada de estas técnicas, podemos construir sistemas robustos y eficientes que manejen eficazmente grandes volúmenes de datos en el contexto latinoamericano.

# 54. Caso Práctico: Análisis de Big Data

En este caso práctico, abordaremos un escenario real de análisis de big data para una cadena de supermercados latinoamericana que necesita obtener insights valiosos de sus millones de transacciones diarias. La cadena opera en múltiples países de la región y genera aproximadamente 50 millones de registros mensuales entre ventas, inventario y datos de clientes.

Comenzaremos configurando un ambiente optimizado para el análisis de grandes volúmenes de datos. Primero, crearemos una estructura de tablas particionadas por región y fecha para mejorar el rendimiento de las consultas:

```sql
CREATE TABLE Ventas (
TransaccionID BIGINT,
Fecha DATETIME,
TiendaID INT,
Region VARCHAR(50),
ProductoID INT,
Cantidad INT,
Monto DECIMAL(18,2)
) PARTITION BY RANGE (Region, Fecha);
```

Para manejar eficientemente los datos históricos, implementaremos una estrategia de archivado automático que mantiene los últimos 6 meses de datos en tablas activas y mueve el resto a tablas históricas. Esto nos permite mantener un rendimiento óptimo en las consultas más frecuentes que típicamente se centran en datos recientes.

Uno de los principales desafíos es el análisis de patrones de compra por región. Para esto, desarrollaremos una serie de consultas optimizadas que utilizan índices columnstore y procesamiento paralelo:

```sql
WITH VentasRegionales AS (
SELECT
```

```sql
Region,
DATEPART(MONTH, Fecha) as Mes,
SUM(Monto) as VentaTotal,
COUNT(DISTINCT TransaccionID) as NumTransacciones,
AVG(Monto) as TicketPromedio
FROM Ventas
WHERE Fecha >= DATEADD(YEAR, -1, GETDATE())
GROUP BY Region, DATEPART(MONTH, Fecha)
)
SELECT * FROM VentasRegionales
OPTION (MAXDOP 8);
```

Para el análisis de comportamiento de clientes, necesitamos correlacionar datos de múltiples fuentes. Implementamos una solución que utiliza tablas temporales y procesamiento por lotes para manejar eficientemente los joins entre grandes conjuntos de datos:

```sql
CREATE TABLE #TempAnalisisClientes (
ClienteID INT,
TotalCompras DECIMAL(18,2),
FrecuenciaVisitas INT,
CategoriaPreferida VARCHAR(50)
);
DECLARE @BatchSize INT = 100000;
DECLARE @Offset INT = 0;
WHILE EXISTS (
SELECT 1 FROM Clientes
ORDER BY ClienteID
OFFSET @Offset ROWS
FETCH NEXT 1 ROWS ONLY
)
BEGIN
INSERT INTO #TempAnalisisClientes
SELECT
```

```
c.ClienteID,
SUM(v.Monto),
COUNT(DISTINCT v.Fecha),
(
SELECT TOP 1 Categoria
FROM Productos p
JOIN Ventas v2 ON p.ProductoID = v2.ProductoID
WHERE v2.ClienteID = c.ClienteID
GROUP BY Categoria
ORDER BY COUNT(*) DESC
)
FROM Clientes c
LEFT JOIN Ventas v ON c.ClienteID = v.ClienteID
WHERE c.ClienteID IN (
SELECT ClienteID
FROM Clientes
ORDER BY ClienteID
OFFSET @Offset ROWS
FETCH NEXT @BatchSize ROWS ONLY
)
GROUP BY c.ClienteID;
SET @Offset = @Offset + @BatchSize;
END
```

Para el análisis predictivo de inventario, desarrollamos un sistema que utiliza ventanas móviles y funciones de agregación avanzadas:

```
WITH AnalisisInventario AS (
SELECT
ProductoID,
Fecha,
Cantidad,
AVG(Cantidad) OVER (
PARTITION BY ProductoID
```

```
ORDER BY Fecha
ROWS BETWEEN 30 PRECEDING AND CURRENT ROW
) as PromedioMovil30Dias,
LAG(Cantidad, 7) OVER (
PARTITION BY ProductoID
ORDER BY Fecha
) as CantidadSemanaAnterior
FROM Inventario
WHERE Fecha >= DATEADD(MONTH, -3, GETDATE())
)
SELECT        *        INTO        #PrediccionInventario        FROM
AnalisisInventario;
```

La optimización del rendimiento es crucial en este escenario. Implementamos un sistema de monitoreo que registra el rendimiento de las consultas y ajusta automáticamente los parámetros de ejecución:

```
CREATE TABLE LogRendimiento (
ConsultaID INT IDENTITY(1,1),
FechaEjecucion DATETIME,
DuracionMS INT,
LecturasFisicas BIGINT,
LecturasLogicas BIGINT,
UsoMemoriaMB INT
);
```

Para manejar picos de carga, implementamos un sistema de cola de procesamiento que distribuye las consultas pesadas a lo largo del día:

```
CREATE PROCEDURE ProcesarAnalisisAsync
@FechaInicio DATETIME,
@FechaFin DATETIME
AS
BEGIN
INSERT INTO ColaAnalisis (
TipoAnalisis,
```

```
Parametros,
Estado,
FechaProgramada
)
VALUES (
'AnalisisVentas',
JSON_MODIFY('{}', '$.fechaInicio', @FechaInicio) +
JSON_MODIFY('{}', '$.fechaFin', @FechaFin),
'Pendiente',
DATEADD(HOUR,
ABS(CHECKSUM(NEWID()) % 24),
GETDATE()
)
);
END
```

Finalmente, implementamos un sistema de reportes que utiliza materialización de vistas y actualización incremental para mantener los dashboards actualizados sin sobrecargar el sistema:

```
CREATE VIEW vw_DashboardVentas
WITH SCHEMABINDING
AS
SELECT
Region,
DATEPART(MONTH, Fecha) as Mes,
SUM(Monto) as VentaTotal,
COUNT_BIG(*) as NumRegistros
FROM dbo.Ventas
GROUP BY Region, DATEPART(MONTH, Fecha);
CREATE      UNIQUE      CLUSTERED      INDEX
idx_vw_DashboardVentas
ON vw_DashboardVentas(Region, Mes);
```

Este caso práctico demuestra cómo podemos implementar soluciones escalables y eficientes para el análisis de big data en un contexto empresarial latinoamericano, utilizando SQL de manera optimizada y estructurada.

# 55. SQL en Entornos Empresariales

SQL en entornos empresariales representa un desafío único que va más allá del simple manejo de consultas y bases de datos. En este capítulo, exploraremos cómo SQL se implementa y utiliza en grandes organizaciones latinoamericanas, abordando los retos específicos que enfrentan nuestras empresas y las soluciones más efectivas para superarlos.

En el contexto empresarial latinoamericano, las bases de datos SQL frecuentemente deben interactuar con sistemas legacy que pueden tener décadas de antigüedad. Es común encontrar empresas que todavía mantienen sistemas basados en AS/400 o bases de datos Oracle antiguas que necesitan integrarse con tecnologías más modernas. La clave está en crear interfaces eficientes que permitan la comunicación fluida entre estos sistemas dispares.

La gestión de múltiples ambientes es otro aspecto crucial en entornos empresariales. Típicamente, encontramos al menos tres ambientes distintos: desarrollo, pruebas y producción. Cada uno debe estar correctamente configurado y mantener consistencia en sus estructuras de datos. Por ejemplo, una práctica común es utilizar scripts de migración versionados:

Una consideración fundamental en entornos empresariales es la alta disponibilidad. Las empresas no pueden permitirse tiempo de inactividad en sus bases de datos, por lo que se implementan soluciones de clustering y replicación. En América Latina, donde los costos de infraestructura pueden ser significativos, es crucial encontrar el balance adecuado entre redundancia y presupuesto. Muchas organizaciones optan por configuraciones de Always On Availability Groups en SQL Server o soluciones similares en otros sistemas de gestión de bases de datos.

El manejo de transacciones concurrentes representa otro desafío significativo. En una empresa grande, pueden existir cientos o miles de usuarios accediendo simultáneamente a la base de datos. Es esencial implementar estrategias de control de concurrencia que eviten bloqueos y garanticen la integridad de los datos. Esto incluye la configuración apropiada de niveles de aislamiento de transacciones y el uso inteligente de índices.

La seguridad en entornos empresariales requiere un enfoque multinivel. No basta con establecer usuarios y contraseñas; se necesita implementar un sistema completo de roles y permisos que refleje la estructura organizacional. Esto incluye la implementación de políticas de seguridad a nivel de fila (Row Level Security) y el enmascaramiento dinámico de datos para información sensible.

El rendimiento en entornos empresariales debe mantenerse incluso con grandes volúmenes de datos y consultas complejas. Esto requiere una estrategia de optimización continua que incluye la creación y mantenimiento de estadísticas, la implementación de índices efectivos y el uso de particionamiento de tablas cuando sea necesario. Por ejemplo, una tabla de transacciones podría particionarse por fecha para mejorar el rendimiento de las consultas históricas:

La gestión de cambios en entornos empresariales debe seguir procesos formales. Cualquier modificación en la estructura de la base de datos o en los procedimientos almacenados debe pasar por un proceso de control de cambios que incluya revisión de código, pruebas de regresión y ventanas de mantenimiento programadas. Es común utilizar herramientas de control de versiones como Git para mantener un registro de todos los cambios en los objetos de la base de datos.

La integración con otros sistemas empresariales es otro aspecto crucial. Las bases de datos SQL en entornos empresariales raramente operan de forma aislada; necesitan integrarse con ERP, CRM, sistemas de business intelligence y otras herramientas corporativas. Esto requiere la implementación de interfaces robustas y el manejo adecuado de formatos de datos entre sistemas.

El monitoreo y la auditoría son fundamentales en entornos empresariales. Se necesitan implementar sistemas de monitoreo que alerten sobre problemas de rendimiento, errores de aplicación y violaciones de seguridad. La auditoría debe registrar cambios en los datos sensibles y accesos a información crítica, cumpliendo con regulaciones locales e internacionales.

La planificación de capacidad es otro aspecto crítico. Las empresas necesitan proyectar el crecimiento de sus datos y asegurar que la infraestructura pueda escalar adecuadamente. Esto incluye la planificación de almacenamiento, memoria y capacidad de procesamiento, así como la implementación de estrategias de archivo para datos históricos.

La documentación en entornos empresariales debe ser exhaustiva y mantenerse actualizada. Esto incluye diagramas de la arquitectura de la base de datos, diccionarios de datos, procedimientos operativos estándar y planes de recuperación ante desastres. La documentación debe estar disponible en español e inglés para facilitar la colaboración con equipos internacionales.

La capacitación continua del personal es esencial. Los administradores de bases de datos y desarrolladores deben mantenerse actualizados con las últimas características y mejores prácticas de SQL. Esto es particularmente importante en América Latina, donde el acceso a capacitación especializada puede ser limitado o costoso.

Finalmente, la gestión de costos en entornos empresariales requiere un balance cuidadoso entre rendimiento y presupuesto. Esto incluye la evaluación de diferentes opciones de licenciamiento, la optimización del uso de recursos y la consideración de soluciones en la nube cuando sean apropiadas para el negocio.

La implementación exitosa de SQL en entornos empresariales requiere una comprensión profunda de todos estos aspectos y la capacidad de adaptarlos a las necesidades específicas de cada organización. El éxito depende no solo del conocimiento técnico, sino también de la habilidad para navegar los aspectos organizacionales y culturales propios de las empresas latinoamericanas.

# 56. Herramientas de Monitoreo

L as herramientas de monitoreo son fundamentales para mantener la salud y el rendimiento óptimo de nuestras bases de datos SQL. En el contexto latinoamericano, donde los recursos tecnológicos pueden ser limitados y los presupuestos ajustados, es crucial conocer y utilizar efectivamente estas herramientas para maximizar el retorno de nuestra inversión en infraestructura de datos.

El monitoreo de bases de datos SQL puede dividirse en varias categorías principales. Primero, tenemos el monitoreo del rendimiento, que incluye la supervisión de métricas clave como el uso de CPU, memoria, E/S de disco y tiempos de respuesta de consultas. Para esto, herramientas como SQL Server Management Studio incluyen el Monitor de Actividad, que proporciona una vista en tiempo real de estos parámetros. Sin embargo, para un monitoreo más completo, muchas empresas latinoamericanas están optando por soluciones más robustas como SolarWinds Database Performance Analyzer o Quest Foglight.

El monitoreo de espacio es otro aspecto crítico. Necesitamos supervisar constantemente el crecimiento de nuestras bases de datos y archivos de log para evitar situaciones donde nos quedemos sin espacio en disco. Una práctica común es configurar alertas que se disparen cuando el espacio disponible caiga por debajo de ciertos umbrales. Por ejemplo, podemos establecer una alerta cuando cualquier archivo de base de datos alcance el 85% de su capacidad, dándonos tiempo suficiente para tomar acciones correctivas.

Las herramientas de monitoreo de bloqueos y deadlocks son especialmente importantes en entornos con alta concurrencia. En muchas empresas latinoamericanas, especialmente en el sector retail y financiero, es común tener cientos de usuarios accediendo simultáneamente a la base de datos. Herramientas como sp_who2 y el

Profiler de SQL Server nos permiten identificar y resolver rápidamente problemas de bloqueo que podrían afectar el rendimiento del negocio.

El monitoreo de la seguridad es cada vez más crucial en nuestra región, donde los ataques cibernéticos están en aumento. Necesitamos herramientas que nos ayuden a detectar intentos de acceso no autorizado, cambios en los permisos de usuarios y modificaciones no autorizadas en objetos de la base de datos. SQL Server Audit y herramientas de terceros como Imperva proporcionan estas capacidades de monitoreo de seguridad.

Las herramientas de monitoreo de respaldos son fundamentales para garantizar la continuidad del negocio. Necesitamos verificar que nuestros respaldos se estén ejecutando correctamente y que los tiempos de respaldo estén dentro de los parámetros aceptables. Herramientas como Redgate SQL Backup Pro no solo monitorean los respaldos sino que también pueden optimizar el proceso.

El monitoreo de índices es otro aspecto crucial. Los índices fragmentados pueden degradar significativamente el rendimiento de la base de datos. Herramientas como Ola Hallengren's MaintenanceSolution proporcionan scripts gratuitos que podemos utilizar para monitorear y mantener automáticamente nuestros índices.

Las herramientas de monitoreo de consultas son esenciales para optimizar el rendimiento. El Query Store en SQL Server 2016 y versiones posteriores es una herramienta poderosa que nos permite identificar consultas problemáticas y analizar su rendimiento a lo largo del tiempo. Esto es particularmente útil en entornos donde las consultas ad hoc son comunes.

El monitoreo de la replicación es crucial en entornos distribuidos. Muchas empresas latinoamericanas tienen operaciones en múltiples países o ciudades, y necesitan garantizar que sus datos se estén replicando correctamente. Las herramientas de monitoreo de replicación nos ayudan a identificar y resolver problemas de sincronización antes de que afecten las operaciones del negocio.

Las herramientas de monitoreo de alta disponibilidad son fundamentales para empresas que no pueden permitirse tiempo de inactividad. En configuraciones de Always On Availability Groups o Mirroring, necesitamos monitorear constantemente el estado de la sincronización y los tiempos de conmutación por error.

El monitoreo del plan de mantenimiento es otro aspecto importante. Necesitamos asegurarnos de que tareas rutinarias como la reconstrucción de índices, actualización de estadísticas y limpieza de historiales se estén ejecutando según lo programado.

Las herramientas de monitoreo de rendimiento de aplicaciones (APM) son cada vez más importantes en entornos donde las bases de datos son parte de aplicaciones más grandes. Herramientas como New Relic o AppDynamics nos permiten ver cómo el rendimiento de la base de datos afecta el rendimiento general de la aplicación.

La implementación de tableros de control (dashboards) es una práctica común en empresas latinoamericanas modernas. Estos dashboards proporcionan una vista consolidada de todas las métricas importantes y pueden personalizarse según las necesidades específicas de cada organización. Herramientas como Grafana o Kibana son populares para crear estos tableros de control.

El monitoreo predictivo está ganando importancia en nuestra región. Utilizando técnicas de machine learning, podemos predecir problemas potenciales antes de que ocurran. Por ejemplo, podemos predecir cuándo una base de datos alcanzará su capacidad máxima o cuándo es probable que ocurran problemas de rendimiento.

La integración de herramientas de monitoreo con sistemas de notificación es crucial. En América Latina, donde muchos DBA trabajan de forma remota, es importante que las alertas lleguen a través de múltiples canales: correo electrónico, SMS, WhatsApp o sistemas de mensajería empresarial como Teams o Slack.

Finalmente, es importante mencionar que el monitoreo efectivo no solo depende de las herramientas sino también de establecer procesos claros y definir umbrales apropiados para cada métrica. Estos umbrales deben basarse en el conocimiento del negocio y ajustarse periódicamente según las necesidades cambiantes de la organización.

# 57. Mantenimiento de Bases de Datos

El mantenimiento de bases de datos es una tarea fundamental que todo profesional de SQL debe dominar, especialmente en el contexto latinoamericano donde la optimización de recursos es crucial. Este capítulo explorará las mejores prácticas y estrategias para mantener nuestras bases de datos funcionando de manera eficiente y confiable.

El mantenimiento preventivo es la primera línea de defensa contra problemas potenciales. Esto incluye la reconstrucción regular de índices, una tarea que muchos profesionales en América Latina programan para ejecutarse durante las horas de menor actividad, típicamente en la madrugada. La fragmentación de índices puede reducir significativamente el rendimiento de las consultas, y en entornos de alta transaccionalidad, como los sistemas de punto de venta que son comunes en nuestra región, este mantenimiento es especialmente crítico.

La actualización de estadísticas es otro componente crucial del mantenimiento regular. El optimizador de consultas de SQL Server depende de estas estadísticas para crear planes de ejecución eficientes. En el contexto latinoamericano, donde muchas empresas operan con hardware menos potente, tener estadísticas actualizadas puede marcar la diferencia entre una consulta que se ejecuta en segundos y una que tarda minutos.

La gestión del espacio en disco requiere atención constante. En nuestra región, donde los presupuestos para infraestructura pueden ser limitados, es crucial implementar estrategias efectivas de gestión de espacio. Esto incluye la compresión de datos cuando sea apropiado, la implementación de políticas de retención de datos, y la limpieza regular de datos históricos que ya no son necesarios. Por ejemplo, muchas empresas latinoamericanas implementan procesos de archivado que mueven datos históricos a tablas separadas o incluso a bases de datos diferentes, manteniendo solo los datos más recientes en las tablas principales.

El mantenimiento de los archivos de log es particularmente importante. En entornos de producción, estos archivos pueden crecer rápidamente y consumir espacio valioso en disco. Es fundamental implementar una estrategia de backup que incluya copias de seguridad regulares del log de transacciones para mantener su tamaño bajo control. En muchas empresas de nuestra región, se implementan scripts automatizados que verifican el tamaño del log y ejecutan backups cuando se alcanzan ciertos umbrales.

La limpieza de datos temporales es otra tarea de mantenimiento crítica. Las tablas temporales, los resultados de procedimientos almacenados y otros datos transitorios pueden acumularse con el tiempo. Implementar procesos de limpieza automática para estos datos puede prevenir problemas de espacio y rendimiento. En el contexto latinoamericano, donde muchos sistemas operan 24/7, es crucial programar estas tareas de limpieza en momentos que no afecten las operaciones del negocio.

El mantenimiento de la integridad de datos es fundamental. Esto incluye la verificación regular de la integridad de la base de datos mediante comandos como DBCC CHECKDB, la validación de constraints y la verificación de la consistencia de los datos entre tablas relacionadas. En nuestra experiencia con empresas latinoamericanas, hemos visto casos donde la falta de este tipo de mantenimiento ha llevado a problemas serios de inconsistencia de datos.

La optimización de consultas frecuentes es parte integral del mantenimiento continuo. Esto implica revisar regularmente el plan cache para identificar consultas que consumen muchos recursos y optimizarlas según sea necesario. En el contexto de América Latina, donde muchos sistemas utilizan consultas ad hoc generadas por aplicaciones legacy, esta optimización puede tener un impacto significativo en el rendimiento general del sistema.

El mantenimiento de la seguridad incluye la revisión regular de permisos de usuario, la actualización de contraseñas según las políticas de la empresa, y la auditoría de accesos a datos sensibles. En nuestra región, donde las regulaciones de protección de datos están volviéndose más estrictas, este aspecto del mantenimiento es cada vez más importante.

La gestión de backups es una parte crítica del mantenimiento. Esto no solo incluye la realización de copias de seguridad regulares, sino también la verificación de que estos backups son válidos y pueden restaurarse correctamente. En el contexto latinoamericano, donde los cortes de energía y otros problemas de infraestructura pueden ser más frecuentes, tener una estrategia sólida de backup es esencial.

El mantenimiento de la documentación es un aspecto que a menudo se descuida pero que es crucial para la continuidad del negocio. Esto incluye mantener actualizados los diagramas de la base de datos, la documentación de procedimientos almacenados y triggers, y los manuales de procedimientos de mantenimiento. En empresas latinoamericanas, donde la rotación de personal puede ser alta, una documentación actualizada es invaluable.

La planificación de capacidad es otro componente importante del mantenimiento. Esto implica monitorear el crecimiento de la base de datos y planificar las necesidades futuras de almacenamiento y recursos. En nuestra región, donde los presupuestos pueden ser limitados, esta planificación anticipada es crucial para justificar y obtener los recursos necesarios en el momento adecuado.

El mantenimiento de los planes de recuperación ante desastres debe ser continuo. Esto incluye la actualización regular de los procedimientos de recuperación, la realización de simulacros de recuperación, y la verificación de que todos los componentes necesarios para una recuperación exitosa están en su lugar y funcionando correctamente.

Finalmente, es importante establecer un calendario de mantenimiento que se adapte a las necesidades específicas de la organización. Este calendario debe tener en cuenta los patrones de uso del sistema, las restricciones de recursos y las prioridades del negocio. En el contexto latinoamericano, donde muchas empresas operan con recursos limitados, es crucial encontrar un balance entre el mantenimiento necesario y el impacto en las operaciones diarias.

El mantenimiento efectivo de bases de datos no es solo una cuestión técnica; es una disciplina que requiere planificación cuidadosa, ejecución consistente y mejora continua. En el contexto latinoamericano, donde la eficiencia y la optimización de recursos son particularmente importantes, un buen programa de mantenimiento puede marcar la diferencia entre un sistema que apenas funciona y uno que opera de manera óptima y confiable.

# 58. Preparación para Certificaciones

Las certificaciones en SQL son una herramienta valiosa para demostrar tu experiencia y conocimientos técnicos en el mercado laboral latinoamericano. Este capítulo te guiará a través del proceso de preparación para las certificaciones más relevantes en el campo de las bases de datos.

La certificación más reconocida internacionalmente es la Microsoft SQL Server Certification, que incluye varios niveles de especialización. Para los profesionales latinos que están comenzando, el nivel más apropiado suele ser el Microsoft Technology Associate (MTA), que cubre los fundamentos de las bases de datos. Este nivel es particularmente útil para quienes buscan posiciones de entrada en empresas multinacionales con presencia en América Latina.

El siguiente nivel, el Microsoft Certified Solutions Associate (MCSA), es más avanzado y cubre temas como el desarrollo de bases de datos, la administración de bases de datos y el business intelligence. Este nivel es especialmente valorado en empresas medianas y grandes de nuestra región, donde las habilidades en análisis de datos y administración de bases de datos son cada vez más demandadas.

Para prepararte efectivamente para estas certificaciones, es fundamental establecer un plan de estudio estructurado. Comienza por revisar detalladamente los objetivos del examen, que generalmente incluyen temas como diseño de bases de datos, optimización de consultas, seguridad, backup y recuperación, y administración de servidores. En el contexto latinoamericano, donde el autoaprendizaje es común, es importante complementar el estudio teórico con práctica hands-on.

Los laboratorios prácticos son esenciales en la preparación. Configura un ambiente de pruebas en tu computadora personal utilizando la versión de SQL Server Developer Edition, que es gratuita para uso no comercial. Esto te permitirá practicar todos los conceptos sin incurrir en gastos adicionales, algo particularmente importante en nuestro contexto económico regional.

Un aspecto crucial de la preparación es la familiarización con el formato del examen. Los exámenes de certificación suelen incluir preguntas de opción múltiple, estudios de caso y preguntas basadas en escenarios. Es importante practicar con exámenes de prueba para acostumbrarte al formato y la presión del tiempo. Muchos sitios web ofrecen exámenes de práctica gratuitos o a bajo costo, que son una inversión valiosa en tu preparación.

La gestión del tiempo durante el examen es una habilidad crítica. Los exámenes de certificación tienen límites de tiempo estrictos, y es importante desarrollar estrategias para manejar eficientemente el tiempo disponible. Una técnica común es hacer una primera pasada respondiendo las preguntas que sabes con certeza, marcando aquellas que requieren más tiempo para revisarlas posteriormente.

Los temas técnicos que debes dominar incluyen la sintaxis de SQL, el diseño de bases de datos relacionales, la normalización, la optimización de consultas, la seguridad y la administración de bases de datos. Es importante entender estos conceptos no solo desde una perspectiva teórica, sino también en su aplicación práctica en escenarios del mundo real.

La preparación para las secciones de administración de bases de datos debe incluir práctica en tareas como la creación y mantenimiento de índices, la implementación de estrategias de backup y recovery, la configuración de seguridad y la monitorización del rendimiento. Estos aspectos son particularmente relevantes en empresas latinoamericanas donde los DBA a menudo tienen responsabilidades amplias.

Para la sección de desarrollo, enfócate en escribir consultas eficientes, crear procedimientos almacenados y triggers, y trabajar con transacciones. La optimización de consultas es especialmente importante, ya que muchas preguntas del examen se centran en identificar y resolver problemas de rendimiento.

La seguridad es otro tema crucial en las certificaciones. Debes comprender los conceptos de autenticación y autorización, la gestión de usuarios y roles, y las mejores prácticas de seguridad. En el contexto latinoamericano, donde las regulaciones de protección de datos están evolucionando rápidamente, este conocimiento es particularmente valioso.

Los recursos de estudio pueden incluir libros técnicos, cursos en línea, documentación oficial de Microsoft y comunidades de práctica. Muchos profesionales latinos encuentran útil unirse a grupos de estudio locales o en línea donde pueden compartir experiencias y recursos. La colaboración y el intercambio de conocimientos son especialmente valiosos en nuestra comunidad profesional.

Es importante mantener un equilibrio entre la preparación teórica y la práctica. Dedica tiempo a resolver problemas reales y a trabajar en proyectos que apliquen los conceptos que estás estudiando. Esto no solo te ayudará a prepararte para el examen, sino que también desarrollará habilidades valiosas para tu carrera profesional.

La certificación no es solo un título; es una validación de tus habilidades y conocimientos. En el mercado laboral latinoamericano, donde la competencia por posiciones técnicas es cada vez más intensa, una certificación puede ser un diferenciador importante en tu carrera profesional.

Finalmente, recuerda que la preparación para una certificación es un proceso gradual. No intentes aprender todo de una vez. Establece metas pequeñas y medibles, celebra tus logros y mantén la motivación enfocándote en los beneficios profesionales que la certificación te brindará. La perseverancia y la dedicación son clave para el éxito en este proceso.

# 59. Tendencias Futuras en SQL

El mundo de SQL y las bases de datos está en constante evolución, y comprender las tendencias futuras es crucial para mantenerse competitivo en el mercado laboral latinoamericano. En este capítulo, exploraremos las direcciones hacia las que se dirige la tecnología de bases de datos y cómo los profesionales latinos pueden prepararse para estos cambios.

Una de las tendencias más significativas es la creciente adopción de bases de datos NoSQL junto con SQL tradicional, creando entornos híbridos que aprovechan lo mejor de ambos mundos. Las empresas latinoamericanas están comenzando a implementar soluciones que combinan la confiabilidad y estructura de SQL con la flexibilidad de NoSQL para manejar datos no estructurados. Esta tendencia está impulsando la demanda de profesionales que puedan trabajar eficientemente en ambos entornos.

La inteligencia artificial y el aprendizaje automático están transformando la manera en que interactuamos con las bases de datos. Los sistemas están evolucionando para incluir capacidades de autooptimización y autoadministración. En el contexto latinoamericano, donde los recursos tecnológicos pueden ser limitados, estas características son particularmente valiosas para maximizar la eficiencia y reducir los costos operativos.

El procesamiento en tiempo real de grandes volúmenes de datos está ganando importancia. Las empresas necesitan analizar y actuar sobre los datos tan pronto como se generan. Esta tendencia está impulsando el desarrollo de nuevas arquitecturas de bases de datos que pueden manejar flujos continuos de datos, algo especialmente relevante para industrias como el comercio electrónico y las fintech, sectores en rápido crecimiento en América Latina.

La seguridad de datos está evolucionando más allá de los métodos tradicionales. Las nuevas regulaciones de privacidad y protección de datos en América Latina están impulsando la adopción de tecnologías como el cifrado homomorfo, que permite realizar operaciones en datos cifrados sin necesidad de descifrarlos. Los profesionales de SQL necesitarán familiarizarse con estas tecnologías emergentes de seguridad.

La computación en la nube continúa transformando el panorama de las bases de datos. Las soluciones Database as a Service (DBaaS) están ganando popularidad en empresas latinoamericanas de todos los tamaños. Esta tendencia está creando una demanda de profesionales que puedan gestionar bases de datos en entornos cloud, optimizar costos y garantizar la disponibilidad y el rendimiento en la nube.

El concepto de bases de datos descentralizadas y blockchain está ganando tracción. Aunque todavía en etapas tempranas, estas tecnologías están comenzando a integrarse con sistemas SQL tradicionales, especialmente en sectores como finanzas y cadena de suministro. Los profesionales latinos deben estar preparados para trabajar con estas nuevas arquitecturas de datos.

La automatización y la orquestación de bases de datos se están volviendo cada vez más importantes. Las herramientas de DevOps específicas para bases de datos están ganando popularidad, permitiendo una gestión más ágil y eficiente de los cambios en la base de datos. Esta tendencia está transformando el rol tradicional del DBA hacia un perfil más orientado a la automatización y la programación.

El análisis predictivo y prescriptivo integrado directamente en las bases de datos está emergiendo como una tendencia importante. Las nuevas versiones de los sistemas de gestión de bases de datos incluyen capacidades analíticas avanzadas incorporadas, permitiendo realizar análisis complejos sin necesidad de exportar los datos a herramientas especializadas.

La gestión de datos multimodelo está ganando relevancia. Las bases de datos están evolucionando para manejar eficientemente diferentes tipos de datos (relacionales, documentos, grafos) dentro del mismo sistema. Esta capacidad es particularmente útil para empresas latinoamericanas que buscan simplificar su infraestructura de datos mientras mantienen la flexibilidad.

El edge computing está impactando en la arquitectura de bases de datos. La necesidad de procesar datos cerca de donde se generan está llevando al desarrollo de soluciones de bases de datos distribuidas que pueden operar eficientemente en dispositivos edge. Esta tendencia es especialmente relevante en regiones con conectividad variable o limitada.

La integración de capacidades de procesamiento de lenguaje natural está mejorando la accesibilidad de las bases de datos. Las interfaces conversacionales y los sistemas que pueden generar consultas SQL a partir de lenguaje natural están emergiendo, haciendo que las bases de datos sean más accesibles para usuarios no técnicos.

El movimiento hacia bases de datos sostenibles está ganando impulso. Las organizaciones están buscando optimizar el consumo de energía y recursos de sus sistemas de bases de datos, una tendencia que resonará especialmente en América Latina, donde la sostenibilidad y la eficiencia energética son preocupaciones crecientes.

Para mantenerse competitivos en este panorama cambiante, los profesionales latinos deben adoptar un enfoque de aprendizaje continuo. Esto incluye mantenerse al día con las nuevas tecnologías, participar en comunidades profesionales, y buscar oportunidades para experimentar con tecnologías emergentes en proyectos prácticos.

Las habilidades blandas también serán cada vez más importantes. La capacidad de comunicar efectivamente, trabajar en equipos multidisciplinarios y entender el contexto empresarial será tan valiosa como el conocimiento técnico. Los profesionales de bases de datos deberán ser capaces de traducir las capacidades técnicas en valor comercial tangible.

El futuro de SQL y las bases de datos es emocionante y lleno de oportunidades para los profesionales latinoamericanos. La clave del éxito será mantener un balance entre el dominio de los fundamentos de SQL y la adaptación a las nuevas tecnologías y tendencias que están transformando el campo.

# 60. Caso Práctico: Implementación en Producción

La implementación en producción es un paso crítico que requiere atención meticulosa y planificación detallada. En este capítulo final, exploraremos las mejores prácticas y consideraciones esenciales para llevar nuestras soluciones SQL al entorno de producción en el contexto latinoamericano.

El proceso de implementación comienza mucho antes del día del despliegue. La planificación detallada es fundamental y debe incluir varios elementos clave. Primero, es esencial realizar una evaluación completa del entorno de producción, incluyendo la infraestructura existente, las limitaciones de recursos y las dependencias del sistema. En el contexto latinoamericano, donde los recursos pueden ser limitados, esta evaluación es particularmente crucial para garantizar una implementación exitosa.

La documentación exhaustiva es un componente vital del proceso de implementación. Esto incluye no solo la documentación técnica de la base de datos y las aplicaciones relacionadas, sino también los procedimientos de implementación, rollback y recuperación. Es importante que esta documentación esté en español y sea accesible para todo el equipo técnico local, manteniendo también una versión en inglés para facilitar la colaboración internacional cuando sea necesaria.

Las pruebas de rendimiento y carga son fundamentales antes de la implementación en producción. Es necesario simular condiciones reales de uso, considerando factores como la concurrencia de usuarios, volúmenes de datos y patrones de acceso típicos en nuestro contexto regional. Las pruebas deben incluir escenarios de estrés que reflejen situaciones comunes en América Latina, como picos de tráfico durante eventos especiales o variaciones en la velocidad de conexión.

La migración de datos requiere una planificación especialmente cuidadosa. Es necesario desarrollar y probar exhaustivamente los scripts de migración, prestando especial atención a la integridad de los datos y la consistencia de los caracteres especiales del español. La estrategia de migración debe incluir puntos de control y procedimientos de verificación para garantizar que todos los datos se transfieran correctamente.

La seguridad debe ser una prioridad máxima durante la implementación. Esto incluye la configuración adecuada de permisos y roles, la implementación de políticas de contraseñas robustas y la configuración de cifrado de datos sensibles. Es crucial asegurarse de cumplir con las regulaciones locales de protección de datos, que pueden variar significativamente entre diferentes países latinoamericanos.

El monitoreo y la optimización del rendimiento son aspectos críticos de la implementación. Es necesario configurar herramientas de monitoreo que permitan identificar y resolver problemas rápidamente. Esto incluye el seguimiento de métricas clave como tiempos de respuesta, uso de recursos y patrones de acceso. En entornos donde los recursos son limitados, la optimización continua es especialmente importante.

La gestión de cambios y versiones debe ser rigurosa durante la implementación. Cada modificación debe ser documentada y versionada adecuadamente, permitiendo un seguimiento claro de los cambios realizados. Es importante establecer procedimientos claros para la aplicación de parches y actualizaciones, considerando las ventanas de mantenimiento que mejor se adapten a los patrones de uso locales.

La capacitación del personal es un componente crucial del proceso de implementación. Es necesario asegurar que tanto el equipo técnico como los usuarios finales estén adecuadamente preparados para trabajar con el nuevo sistema. La capacitación debe ser culturalmente relevante y considerar los diferentes niveles de experiencia técnica presentes en el equipo.

Los procedimientos de backup y recuperación deben estar completamente probados y documentados antes de la implementación. Esto incluye la verificación de la integridad de los backups y la realización de simulacros de recuperación. Es importante establecer políticas de retención de backups que cumplan con los requisitos legales y empresariales locales.

La comunicación efectiva es esencial durante todo el proceso de implementación. Es importante mantener informados a todos los stakeholders sobre el progreso, los cambios planificados y cualquier impacto potencial en las operaciones. La comunicación debe ser clara y culturalmente apropiada, considerando las diferentes audiencias involucradas.

El plan de contingencia y rollback debe estar completamente desarrollado y probado. Debe incluir procedimientos detallados para revertir los cambios en caso de problemas graves, así como planes de acción para diferentes escenarios de fallo. Es crucial que estos planes sean realistas y ejecutables en el contexto de los recursos disponibles.

La documentación post-implementación es igualmente importante. Esto incluye la actualización de toda la documentación técnica, los procedimientos operativos y los manuales de usuario para reflejar el estado final del sistema. Esta documentación debe mantenerse actualizada y accesible para facilitar el soporte continuo y el mantenimiento del sistema.

El soporte post-implementación debe estar bien organizado y preparado para responder a las necesidades de los usuarios. Esto incluye establecer canales de comunicación claros para reportar problemas y definir procedimientos de escalamiento. Es importante considerar las diferencias horarias y los patrones de trabajo locales al estructurar el soporte.

La evaluación continua del rendimiento y la satisfacción del usuario es fundamental después de la implementación. Es necesario establecer métricas claras para medir el éxito de la implementación y recopilar feedback de los usuarios para identificar áreas de mejora. Esta información es valiosa para futuras actualizaciones y optimizaciones del sistema.

La transferencia de conocimiento debe ser una prioridad durante y después de la implementación. Es importante asegurarse de que el equipo local tenga el conocimiento y las habilidades necesarias para mantener y administrar el sistema de manera efectiva. Esto puede incluir la creación de documentación específica, sesiones de capacitación y períodos de shadowing.

Finalmente, es importante mantener una perspectiva de mejora continua después de la implementación. El sistema debe evolucionar para satisfacer las necesidades cambiantes del negocio y adaptarse a nuevas tecnologías y mejores prácticas. La retroalimentación de los usuarios y las lecciones aprendidas durante la implementación deben incorporarse en futuras actualizaciones y mejoras del sistema.

# Don't miss out!

Visit the website below and you can sign up to receive emails whenever Enrique Peña publishes a new book. There's no charge and no obligation.

https://books2read.com/r/B-A-ZFKVC-HZNIF

**BOOKS 2 READ**

Connecting independent readers to independent writers.